W0040055

Oops!

Nicht perfekt ist auch okay!

KAFFEEKLATSCH MIT

Ella TheBee

Illustriert von typealive

FSC ®
www.fsc.org
MIX
Papier aus ver-
antwortungsvollen
Quellen
FSC® C109273

ISBN 978-3-7855-8986-1
1. Auflage 2018
© 2018 Loewe Verlag GmbH, Bindlach
Umschlag- und Innenillustrationen: typealive
Umschlagfoto: © Ella TheBee
Umschlaggestaltung: Michael Dietrich
Redaktion: Sarah Braun
Printed in Poland

www.loewe-verlag.de

Inhalt

Vorwort..,,......5

Wer bin ich und was soll ich hier?................6

Von Wurzeln und Flügeln...........................40

Es lebe die Freundschaft!...........................56

Hals über Kopf 82

Wie Lernen uns verändert 114

Pläne, Hoffnungen und Träume................150

Danksagung..175

ME
WE

Oops!

Vorwort

Gestatten, Ella. Ich bin eine Organisationsknalltüte mit Hippieherz und habe seit 2014 den YouTube-Kanal Ella TheBee. Wenn ihr mich von dort kennt: Hi, schön, dass ihr hier seid, und – Achtung, gleich geht eine Schleimparty ab – tausend Dank für eure liebevolle Unterstützung in den letzten Jahren.

Wenn ihr mich noch nicht kennt, ist das auch kein Problem. Hellou, ich bin Ella und habe dieses Buch geschrieben. Nicht weil ich allwissend bin und euch das Leben erklären will, sondern weil ich weiß, wie hinfallen und wieder aufstehen geht. Seit ein paar Jahren gibt es auf meinem Kanal das Format Kaffeeklatsch, in dem ich auf Fragen meiner Zuschauer eingehe. Sie vertrauen mir ihre Probleme, Sorgen und Ängste an und ich versuche, mit ihnen Lösungen dafür zu finden.

Kennt ihr das Gefühl, dass man die Probleme anderer leichter lösen kann als die eigenen? Es ist schwieriger, eine Situation zu verbessern, in der man selbst drinsteckt. Das ist, wie in Treibsand zu stehen. Man kommt nur raus, wenn jemand von außen ein Seil zuwirft und hilft. Hi, ich bin die mit dem Seil!

In diesem Buch habe ich euch ein paar Dinge zusammengetragen, die euch vielleicht helfen, durch diese ersten Jahre des Erwachsenwerdens zu kommen. Ich verrate euch, wie ihr die Schule rockt, die erste große Liebe findet und euch selbst lieben lernt. Lasst uns dieses Abenteuer gemeinsam angehen!

selfie

Wer bin ich

UND WAS

soll ich hier?

Die meisten von euch stecken wahrscheinlich gerade in einem absoluten Gefühlschaos. Ihr probiert langsam dieses Erwachsensein aus. Manchmal geht es einem zu schnell, manchmal zu langsam. Man versteht die Welt nicht mehr, geschweige denn sich selbst. Dann soll man sich in all dem Wirrwarr auch noch finden und lernen, wie man selbstbewusst ist. Irgendwann möchte man sich einfach nur unter dem Bett verkriechen oder jemanden mit Tomaten bewerfen. In den nächsten Kapiteln erkläre ich euch, was da eigentlich gerade mit euch los ist, und verrate euch meine Tipps, wie ihr mit alldem umgehen könnt. Wenn ihr mögt, könnt ihr sie auch lesen, während ihr unterm Bett liegt *und* Tomaten werft.

Wie finde ich raus, wer ich bin?

Mir wird immer wieder gesagt, dass ich wie jemand wirke, der sich so richtig gefunden hat. Ich lächele dann immer, nicke und bedanke mich für das lieb gemeinte Kompliment, während ich mir innerlich ins Fäustchen lache und es gar nicht glauben kann. Natürlich habe ich über die letzten Jahre sehr viel über mich selbst und die Welt gelernt. Ich würde zwar sagen, ich kenne mich ganz gut und mag mich, aber das heißt nicht, dass ich mich vollkommen gefunden habe.

Als Kind wusste ich sehr gut, wer ich bin. Ich wusste genau, was mir Spaß macht und worauf ich keinen Bock habe. Dann kam die Pubertät mich besuchen. Sie klopfte nicht an, sondern stürmte einfach herein und machte es sich gemütlich. Manieren hat die nicht! Alles fing an, sich zu verändern. Mein Körper sah anders aus, meine Eltern und Freunde kamen mir seltsam vor und in meinem Kopf herrschte totales Chaos. Jetzt hatte ich absolut keine Ahnung mehr, wer ich war.

Wie auch? In diesen Jahren stellt sich alles auf den Kopf und nichts ist mehr so, wie es in der Woche zuvor noch war. Ich weiß, es kommt euch selbst nicht so vor, aber ihr entwickelt euch gerade so schnell, da ist es kein Wunder, dass euer Kopf nicht hinterherkommt und ihr unsicher seid. Dann fängt man an, sich mit anderen zu vergleichen. Meistens konzentriert man sich auf die Menschen, die man toll findet, stellt vielleicht fest, dass sie coolere Klamotten tragen, klüger oder beliebter sind, und schon hat man ein Problem mit sich selbst. Natürlich geht das nicht allen so, aber die meisten von euch haben ganz sicher gerade mit dem Kopf genickt.

Ich war nie eine der Beliebten und das war für mich ein richtiges Problem. Immer wieder habe ich gemerkt, dass ich irgendwie seltsam war. Ich mochte Dinge wie Oper und Theater, mit denen andere nichts anfangen konnten, und immer wieder musste ich mir anhören, wie kindlich ich bin. Eine Weile habe ich versucht, alles, was mich ausmacht, und alle Ecken und Kanten, die ich habe, zu unterdrücken und einfach so zu sein wie die beliebten Kids. Ich war ein Spätzünder. Meine Mitschülerinnen wollten über Jungs und nicht über den neuen GameBoy reden. Ich war

unglücklich, fühlte mich ständig so, als gehörte ich nicht wirklich dazu, und das Schlimmste war, dass ich mich selbst nicht mehr leiden konnte. Ich wollte nicht anders sein und ich war sicher, dass es das Beste ist, so wie alle andern zu sein und nicht aufzufallen.

Aber diese Maske zu tragen war unbequem. Sich ständig an die Erwartungen anderer anzupassen ist nicht nur anstrengend, sondern auch echt frustrierend. Wenn man versucht, jemand zu sein, der man nicht ist, ist man immer nur so halb so gut. Indem ich mich also bemüht habe, nicht so kindlich zu wirken und mich für Jungs statt Nintendo-Spiele und Bücher zu interessieren, habe ich immer nur so getan als ob und mich selbst versteckt. So was kann für eine Weile funktionieren, aber stellt euch mal vor, ihr müsstet euer ganzes Leben so tun, als ob ihr Dinge mögt, die euch langweilen. Ich kenne Menschen, die inzwischen erwachsen sind und das hinkriegen. Sie tragen die Maske und passen sich an. Aber soll ich euch was sagen? Es sind die unglücklichsten Menschen, die ich kenne. Sie gönnen den anderen keinen Erfolg oder füllen ihren Tag mit Lästereien und Wut. Das machen sie nicht, weil sie böse, sondern einfach, weil sie unglücklich sind.

Irgendwann ist dieser Gedanke auch in meinem Kopf angekommen, ich habe aufgehört, mich krampfhaft anzupassen, und mich wieder mit den Dingen beschäftigt, die mich wirklich interessieren. Ich bin in den Kinderchor unseres Theaters gegangen, hatte erst kleine Auftritte und später sogar größere Rollen in Opern und Schauspielen. Kaum jemand in meiner

Klasse fand das cool, aber das war mir egal, denn ich mochte es. Ich war so gern mit diesen verrückten Theatermenschen zusammen, habe ihre Geschichten gehört und mich von ihrem Leben inspirieren lassen. Natürlich war ich voll drauf gefasst, jetzt in der Schule noch uncooler zu sein, aber verdammte Axt habe ich mich geirrt. Da waren plötzlich Mädchen in meiner Klasse, die mich aufs Theaterspielen ansprachen, es toll fanden und auch mitmachen wollten. Bevor ich michs versah, hatte ich Freunde, die mich nicht nur mochten, obwohl ich solche seltsamen Hobbys hatte, sondern *weil* ich sie hatte. Es ist irgendwie witzig, dass genau diejenigen, die sich eben nicht in der Masse versteckt haben, glücklicher waren. Sie beschäftigten sich einfach mit dem, was sie interessierte, unabhängig davon, ob etwas gerade angesagt war oder nicht, und sahen so aus, wie *sie* es schön fanden.

DIE WICHTIGSTE BEZIEHUNG in eurem Leben wird immer die zu euch selbst sein.

Ich weiß, es ist schwierig, aber der erste Schritt, um sich selbst zu finden, ist zu akzeptieren, wer man ist. Und zwar nicht nur die Dinge, die man ganz gut an sich findet, sondern auch die schlechten Eigenschaften. Vielleicht fällt euch spontan nicht viel zu euch selbst ein, dann nehmt euch immer mal wieder einen Moment Zeit und schreibt ein paar Dinge auf, die ihr über euch wisst. Es können große Dinge sein wie »Ich bin eine gute Freundin, weil …« oder kleine wie »Ich liebe Erdbeeren mit Sahne«. Vielleicht findet ihr dadurch sofort Eigenschaften, die euch wirklich gut beschreiben, vielleicht braucht ihr ein bisschen länger oder vielleicht klappt es so auch gar nicht.

Dann sucht euch einfach mal eure Freunde und fragt sie, was sie über euch denken. Was sind eure Schwächen und was sind eure Stärken? Natürlich ist es immer angenehmer, etwas über die Dinge zu hören, die Leute an einem mögen. Aber eigentlich könnt ihr mehr lernen, wenn ihr eure schlechten Seiten kennt. Euer Charakter und eure Art sind nichts, was irgendwer von außen diktiert, die könnt *ihr selbst* bestimmen und formen.

Wenn ihr also merkt, dass mehrere Leute etwas an euch kritisieren, und ihr diese Eigenschaft selbst nicht mögt, könnt ihr daran arbeiten. Überlegt euch, was euch schwerfällt und in welchen Situationen ihr manchmal blöd reagiert. Vielleicht seid ihr sehr eifersüchtig und werdet wütend, wenn eine eurer Freundinnen etwas mit jemand anderem unternimmt. Das ist ein ganz normales Gefühl, aber fragt euch mal, warum es da ist. Eigentlich sagt es aus, dass ihr eure Freundin sehr liebt und Angst habt, sie zu verlieren. Wie kann man also an sich arbeiten, damit diese Angst weggeht? Seid vor allem ehrlich mit euch, denn sich selbst zu belügen bringt euch nicht weiter. Wenn ihr euch klarmacht, dass euer blödes Gefühl nichts mit eurer Freundin selbst zu tun hat, sondern mit eurer Angst, könnt ihr anfangen, etwas daran zu ändern. Sich selbst zu dem Menschen zu formen, der man mal sein will, bringt einem so viel bei und macht unendlich mutig. Ihr lernt, eure Grenzen zu erkennen, zu akzeptieren und immer wieder zu überschreiten, um euch weiterzuentwickeln.

Versucht nicht, einem fremden Bild zu entsprechen. Natürlich haben andere Erwartungen an euch, aber das hat mehr mit ihnen und ihren Wünschen und Hoffnungen als tatsächlich mit euch zu tun. Es kommt aber nur darauf an, dass *ihr* euch leiden könnt. Die wichtigste Beziehung in eurem Leben wird immer die zu euch selbst sein. Seid nicht zu hart mit euch, wenn ihr etwas falsch macht oder immer wieder in blöde Verhaltensmuster fallt. Beschimpft euch nicht im Kopf, sondern fragt euch, warum etwas immer wieder passiert. Ihr könnt nicht Nein sagen und macht ständig etwas für andere, obwohl ihr es eigentlich gar nicht wollt? Warum? Vielleicht weil ihr anderen gefallen möchtet? Weil ihr Angst habt, sonst keine Freunde zu haben? Doch sind Freunde Menschen, die einen ausnutzen? Nein. Ihr versteht sicher, was ich meine.

Lasst es langsam angehen. Versucht nicht, sofort und gleich heute alles zu verändern, sondern macht es in Ruhe und baut keinen Druck auf. Nehmt euch Zeit zum Denken und Reflektieren, aber probiert euch auch aus. Sucht euch Hobbys und schaut mal, ob sie euch glücklich machen. Vielleicht seid ihr ein Riesenfan von Mannschaftssport oder habt unheimlichen Spaß beim Basteln oder Singen und ihr wusstet bisher nichts davon. Verändert immer mal wieder was in eurem Leben und prüft, ob es euch gefällt. Was glücklich macht, darf bleiben, was nervt, fliegt eben wieder raus. Mit der Zeit bekommt ihr immer mehr ein Gefühl dafür, wer ihr seid. Aber vergesst niemals, dass das, was für euch perfekt ist, nicht unbedingt auch für andere gilt. Es ist wundervoll, wenn ihr euch selbst und eure Werte gut kennt, aber versucht, sie niemandem aufzuzwingen.

Heute würde ich sagen, dass ich eine ganz gute Beziehung zu mir selbst habe. Ich weiß, wer ich bin, was ich mag, welche Menschen mir guttun und woran ich noch arbeiten muss. Aber ich weiß auch, dass das kein Dauerzustand ist und man sich sein ganzes Leben lang verändert. Die Momente, die mich heute glücklich machen, können in einem halben Jahr schon ganz andere sein. Es geht nicht darum, einen Steckbrief von sich zu erstellen und sich dann ein Leben lang daran zu halten. Vielmehr geht es um das Akzeptieren von Schwächen, darum, sich selbst die beste Freundin zu sein, sich zu beschützen und zu verzeihen und einfach diese Reise zu genießen. Es rockt, dass wir die Möglichkeit haben, all das auszuprobieren, was die Welt für uns bereithält.

Selbstbewusstsein vs. Selbstzweifel

Was zum Henker ist eigentlich dieses Selbstbewusstsein und wo kann ich es bestellen? Das war vor ein paar Jahren immer wieder mein Gedanke, denn ich hatte kaum welches und war damit bestimmt nicht allein. Fast jeder von uns geht immer mal wieder durch Phasen, in denen er zweifelt, ob er so okay ist, wie er ist. Man fragt sich, ob man sportlich, cool, erfolgreich oder besonders genug ist, und findet sich manchmal sogar richtig blöd.

Selbstbewusstsein kommt von »sich selbst bewusst sein«, also sich selbst gut kennen und akzeptieren. Das fällt einem immer dann schwer, wenn man gerade durch eine große Veränderung im Leben geht. Ganz egal, ob das die Pubertät, der Schulabschluss oder etwas ganz anderes ist. Wir mögen einfach keine Umwälzung in unserem Leben, weil unser Kopf oft nicht hinterherkommt. Wir verlieren uns dann ein bisschen in all dem Neuen. In diesen Momenten können wir uns oft nicht gut leiden. Wir mögen unser Aussehen nicht, hassen plötzlich unsere Haare, die neuen Schuhe, die gestern noch chic waren, und überhaupt unseren ganzen Stil. »Ach, was rede ich, ich habe doch gar keinen Stil. Da kann ich mir auch gleich eine blaue Mülltüte nehmen, drei Löcher für beide Arme und meinen Kopf reinschneiden und darin herumlaufen.«

Es kann aber auch sein, dass uns vor allem unser Verhalten stört. Wir wünschen uns, dass wir entspannter und erwachsener reagieren könnten und im richtigen Moment schlagfertig wären. Ich weiß nicht, wie oft ich mit dem Fahrrad nach Hause gefahren und die Gespräche mit Lehrern und Freundinnen in der Schule immer wieder im Kopf durchgegangen bin. Im Nachhinein sind mir grandiose Antworten auf bestimmte Sprüche eingefallen, aber in dem Moment hatte ich einen durchgehenden Piepton im Ohr. Piiieep. Nix! Nada! Wow, so cool wie ich bin, sollte ich echt im Keller wohnen und die Ratten fragen, ob sie meine Freunde sein wollen …

Manchmal haben wir aber auch einfach Mist gebaut und es fällt uns schwer, uns selbst dafür zu verzeihen. Auch das kann am Selbstbewusstsein rütteln. Vielleicht haben wir eine falsche Entscheidung getroffen und sind auf die Nase gefallen oder haben jemanden verletzt und trauen uns nicht, uns zu entschuldigen. Dieses Schuldgefühl kann auch dazu führen, dass wir uns blöd finden. Unsere eigene Meinung über uns selbst macht also richtig viel aus, wenn es um unsere Lebensqualität geht.

Ein kleines Selbstbewusstsein kann sich auf zwei verschiedene Arten ausdrücken. Wahrscheinlich denkt ihr sofort an die unsicheren und stillen Menschen, die sich gern zurückziehen. Aber wusstet ihr, dass auch Menschen, die übertrieben selbstbewusst wirken, voller Selbstzweifel sein können? Gerade die, die den ganzen Tag lang erzählen, wie toll und besonders sie sind, tun das oft nicht, weil sie es wirklich glauben, sondern weil sie die Bestätigung von außen brauchen. Es gibt nämlich einen

Unterschied zwischen »Isch bin ja so endgeil!« und »Ich finde mich ganz gut so, wie ich bin, auch wenn ich nicht immer alles richtig mache«. Wenn man sich selbst gut leiden kann und ein gesundes Selbstbewusstsein hat, muss einem niemand sagen, wie cool man doch ist. Man mag sich einfach, mit allen guten und schlechten Seiten.

Wenn wir mit uns im Reinen sind, gehen wir anders auf Menschen zu und wirken entspannter. Doch wenn wir uns blöd finden … na ja, dann wohnen wir im schlimmsten Fall in unserem Müllsack-Outfit im Keller und spielen mit unseren neuen Rattenkumpels *Wer bin ich?*. Der Schlüssel für mehr Selbstbewusstsein liegt also nicht darin, etwas Bestimmtes zu kaufen, das uns ein besseres Gefühl macht, oder die Anerkennung von jemandem zu bekommen, den man mag, sondern darin, wie wir uns selbst sehen.

Seid euer eigener CHEERLEADER!

Habt ihr schon mal drauf geachtet, was ihr den ganzen Tag so über euch denkt? Gerade wenn ihr euch nicht so gernhabt, neigt ihr vielleicht dazu, euch immer wieder zu beschimpfen. Klingt krass? Ist es auch. Hört mal genau hin, was euch so für Gedanken durch den Kopf gehen: »Ach verdammt, die Hose sitzt nicht auf meinem fetten Hintern. Gott, warum bin ich so 'ne faule Socke?« – »Ist ja wieder typisch. Ich hab meinen Mathehefter auf dem Schreibtisch liegen gelassen. Wie blöd kann man nur sein?« – »Hallo? Warum beteilige ich mich mal wieder nicht am Gespräch in der Pause? Weil ich ein Schisshase bin. Aber sind wir mal ehrlich, ich hab eh nix Sinnvolles zu sagen.«

Wir wissen alle, dass das hier die zensierte Version ist und wir manchmal noch sehr viel krasser über uns denken. Aber würdet ihr so auch mit einer guten Freundin reden? Würdet ihr so mit jemandem sprechen, der sich gerade unsicher fühlt? Warum verurteilt ihr euch also selbst so? Wir sind sehr viel strenger mit uns selbst als mit anderen. Wie soll man denn Selbstbewusstsein aufbauen, wenn man von morgens bis abends nur hört, was man alles falsch macht?

Versucht mal, diesen Kreislauf umzudrehen und euch wie eine beste Freundin zu verhalten. Sie/er baut auf, macht Mut und liebt euch trotz eurer Fehler. Sobald ihr etwas Gemeines über euch denken wollt, stoppt euch selbst und formuliert den Satz dann so, wie ihr ihn auch zu jemandem sagen würdet, den ihr gernhabt. Statt »Ich blöde Kuh hab mal wieder den Bus verpasst. Ganz toll! Jetzt sitz ich hier rum und komm zu spät« könntet ihr denken: »Verdammt, ich hab den Bus verpasst. Das ist ärgerlich. Am besten stelle ich mir gleich für morgen einen Timer, der mir sagt, wann ich aus dem Haus muss, dann passiert mir das nicht mehr. Die Zeit jetzt kann ich ja nutzen und meinen Freunden oder meiner Familie schreiben, dass ich sie gernhab.«

Das klappt natürlich nicht sofort und ihr werdet immer wieder diese blöden Gedanken haben, aber lasst euch überraschen, wie gut ihr euch fühlt, wenn ihr in kleinen Schritten anfangt, an euren Gedanken zu arbeiten. Euer Ziel sollte sein, euer eigener Cheerleader zu werden. Klingt komisch? Ist es aber nicht. Überlegt mal: Mit welcher Person verbringt ihr am meisten Zeit? Mit euch selbst. Welche Person ist schon immer in eurem Leben gewesen und wird es bis zum Ende sein? Ihr selbst. Es ist also keine schlechte Idee, an der Beziehung zu sich selbst zu arbeiten und sich lieben zu lernen. Es gibt keinen Grund aufzugeben, bevor ihr angefangen habt.

Ihr seid sehr besonders UND GENAU RICHTIG, so wie ihr seid.

Versteht mich nicht falsch, an sich selbst zu zweifeln ist nicht immer etwas Schlechtes. Es ist ein gutes Mittel, um zu überprüfen, ob wir der Mensch sind, der wir sein wollen. Aber es darf keine Waffe *gegen* uns selbst sein. Ihr seid alle wertvoll. Doch, auch du, der gerade den Kopf schüttelt. Und auch du, die jetzt heimlich denkt: »Ich nicht.« Ich möchte, dass ihr euch alle angesprochen fühlt: Ihr seid wertvoll mit all euren kleinen Fehlern und Macken. Ihr seid wertvoll mit all den Eigenschaften, die euch ausmachen und die ihr vielleicht selbst noch gar nicht als Stärken erkannt habt. Ihr seid alle Einzelstücke, die es verdient haben, geliebt zu werden, vor allem von sich selbst. Es ist okay, das manchmal zu vergessen, aber lasst euch immer wieder daran erinnern: Ihr seid sehr besonders und genau richtig, so wie ihr seid, und niemand außer euch entscheidet, was für ein Mensch ihr sein wollt, indem ihr an euch arbeitet oder eben nicht.

Eine Tomate ist nichts gegen mich

Kennt ihr das? Der Gedanke, vor anderen seine Meinung zu sagen, gibt einem das Gefühl, dass die Knochen in den Beinen Lakritzschlangen sind und der Magen Zumba ganz neu für sich entdeckt hat. Wenn ein Vortrag vor der Klasse oder ein Auftritt mit der Musikschule ansteht, bekommt ihr plötzlich das dringende Bedürfnis, euch zu verkriechen. »Schnell krank werden! Jetzt! Sonst muss ich da hin. Ist es noch okay, sich unterm Bett zu verstecken, oder bin ich dafür zu alt? Wie wäre es mit Auswandern? Mit zwölf darf ich doch schon allein in Afrika wohnen, richtig?«

Eventuell habt ihr diese Gedanken oder Gefühle nur manchmal, aber vielleicht auch sehr oft. Alle sagen, dass man das Schüchternsein überwinden sollte. Aber ist es wirklich so schlimm? Nein. Fast jeder von uns ist in irgendeiner Form oder in bestimmten Situationen schüchtern. Einige sind es bei sehr vielen Dingen, andere nur in bestimmten Momenten. Für manche ist es nur eine Phase und sie werden automatisch selbstbewusster, wenn sie älter werden. Es ist vollkommen okay, nicht immer der selbstbewussteste Mensch auf der Welt zu sein. Ihr seid wertvoll, ob ihr nun das Sprechen vor Leuten hasst oder der/die Erste auf der Bühne seid. Wenn ihr aber merkt, dass es euch unglücklich macht, euch gehemmt zu fühlen, könnt ihr etwas tun, um das zu ändern.

Warum seid ihr so schüchtern? Sich diese Frage zu stellen ist sozusagen Schritt eins. Denn wenn man weiß, warum etwas passiert, hat man einen Hinweis darauf, woran man arbeiten kann. Natürlich kann es daran liegen, dass man sich selbst nicht besonders gut leiden kann. Ich fand mich früher ziemlich blöd: die Queen der Bad Hair Days, von Mode keine Ahnung (das hat sich übrigens bis heute nicht geändert) und das seltene Talent, immer im richtigen Moment die falschen Dinge zu sagen. Fremdschämen de luxe für alle um mich herum. Wenn man merkt, dass andere einen auch nicht besonders hip finden, schraubt man sich automatisch selbst zurück und hat irgendwann nur noch ein Ziel: nicht auffallen. Oft kreisen dabei die eigenen Gedanken vor allem darum, was andere von einem denken. Ob sie mein Outfit okay finden, ob sie mich mögen, auch wenn ich gute Noten bekomme, ob ich beliebter bin, wenn ich Fan von diesem oder jenem bin … bla, bla, bla.

Aber wusstet ihr, dass Schüchternsein nicht automatisch bedeuten muss, dass man introvertiert ist oder sich selbst nicht leiden kann? Es kann auch einfach daran liegen, dass ihr Aufmerksamkeit nicht gern mögt. Der Moment, wenn die Aufmerksamkeit von allen auf euch ruht und ihr hört, wie besonders ihr seid oder dass ihr etwas verdammt gut gemacht habt, schnürt euch die Kehle zu. Statt euch darüber zu freuen, kontert ihr gleich mit Gegenargumenten. »Hey, deine Hose steht dir richtig gut.« – »Ach, die hab ich von meiner Schwester. Die ist schon alt.« Es gibt sehr viele solcher Situationen, die einen verunsichern können, aber ich denke, ihr versteht schon, was ich meine.

Schüchtern zu sein IST KEIN CHARAKTERZUG, sondern nur ein Gefühl.

Viele von uns sind einfach schüchtern, weil sie sich so programmiert haben. Vielleicht haben wir mal vor einer Gruppe von Leuten etwas Dummes gesagt. Als alle über uns gelacht haben, ist dieses blöde Gefühl der

Scham in uns hochgestiegen und unser Gehirn hat, ohne zu fragen, eingespeichert: »Vor Menschen zu sprechen, löst blödes Gefühl aus. Merke: in Zukunft vermeiden.« Dabei ist diese Information ja falsch. Nicht jedes Mal, wenn man vor Leuten spricht, blamiert man sich, aber das müssen wir unserem Gehirn erst mal wieder beibringen. Wir müssen es sozusagen umprogrammieren. Aber wie zum Henker macht man das bitte?

#SELFIE

Am besten setzt ihr euch mal hin und überlegt in Ruhe, wann genau ihr euch besonders schüchtern fühlt. Wenn ihr alle Situationen vor euch habt, die schwierig für euch sind, sucht euch zuerst einmal die raus, die nicht ganz so schlimm sind. Dann fangt an, in kleinen Schritten etwas zu verändern. Mir fiel es immer schwer, mich im Unterricht zu melden. Selbst wenn ich die Antwort wusste, hatte ich immer Angst, falschzuliegen, also habe ich mich lieber zurückgehalten. Als mir aber klar geworden ist, dass mich das stört, habe ich mich in kleinen Schritten herangetastet. Zuerst habe ich mich nur bei ganz einfachen Dingen gemeldet, bei denen die Antwort wirklich offensichtlich war. Die ersten Male ist mir fast das Herz stehen geblieben, als der Lehrer meinen Namen aufgerufen hat. Je mehr richtige Antworten ich aber gegeben hatte, desto mehr hat mein Gehirn verstanden, dass sich im Unterricht zu melden nicht gleich meinen Tod und den Weltuntergang bedeutet.

Als ich ein bisschen sicherer wurde, habe ich den nächsten Schritt gewagt: sich melden, um die Hausaufgaben vorzulesen. Die hatte ich ja ganz in Ruhe zu Hause gemacht und war mir ziemlich sicher, dass sie nicht ganz falsch sein konnten. Sie waren nicht immer fehlerfrei, aber ich war schon stolz auf mich, dass ich mich überhaupt überwunden hatte, mich zu melden. Mit der Zeit bin ich immer mutiger geworden, bis ich mich irgendwann auch zu Wort melden konnte, wenn ich nur eine Vermutung hatte, und irgendwann war es tatsächlich gar kein Problem mehr.

Eine meiner größeren Ängste hat mich da schon mehr Überwindung gekostet: Vorträge halten. Wie ich es gehasst habe, vor der ganzen Klasse einen Vortrag halten zu müssen. Am liebsten habe ich mein Gesicht hinter einem großen Blatt versteckt und einfach die wichtigsten Infos vor mich hin gemurmelt. Das Dumme ist, dass dieses Vortragen vor anderen nicht aufhört, wenn man aus der Schule raus ist. Auch im Studium, bei der Arbeit und Veranstaltungen kann es immer wieder sein, dass man öffentlich vor vielen Leuten sprechen muss – es sei denn, man wird Einsiedler und zieht auf eine einsame Insel oder in eine verlassene Hütte im Wald. Aber das ist ja auch schrecklich langweilig.

Stattdessen könnte man seine Angst auch einfach angehen. Ich habe mir also vorgenommen, ruhiger bei Vorträgen zu werden. Die nächste Gelegenheit, einen Vortrag zu halten, habe ich direkt ergriffen und mich dafür schon auf dem Heimweg selbst verflucht: »Warum zum Teufel tue ich mir so was an? Warum musste ich meine blöde Hand heben? Vortrag des Todes halten? Irgendwer? Ja, hier, ich! Argh!« Zu Hause angekommen war ich sicher, dass ich einfach meinen Namen ändere und in eine andere Stadt ziehe, aber meine Mami hatte einen guten Tipp für mich: »Konzentrier dich nicht zu sehr auf deine Angst, sondern darauf, was du tun musst.« Stimmt. Es hilft mir nicht, in Panik zu verfallen. Viel klüger ist es, den Vortrag richtig gut vorzubereiten, damit ich mich dabei sicherer fühle.

Aber was ist mit den Mitschülern, die keine Lust haben zuzuhören und tuscheln? Ich wusste genau, dass mich das verunsichern würde. Also brauchte ich eine Möglichkeit, ihre Aufmerksamkeit zu behalten. Deshalb recherchierte ich wie irre, bastelte eine richtig gute Präsentation und ein Arbeitsblatt mit Lückentext. Mein Vortrag lief zu meiner großen Überraschung ziemlich gut, denn allein schon, um alle Informationen vollständig zu haben, mussten mir alle zuhören. Dieser kleine Erfolg machte mir klar, dass ich mich nicht zu sehr auf meine Angst versteifen darf, sondern einfach darauf, richtig gut vorbereitet zu sein.

So blöd und uncool das klingen mag, aber gerade Übung und Vorbereitung kann in so vielen Situationen helfen, die euch schüchtern werden lassen. Selbst Gespräche mit neuen Leuten kann man üben. Klingt komisch? Ich verrate euch einen Trick, wie man Gespräche locker anfangen kann. Los geht's fast immer mit ein bisschen Smalltalk, also einem eher oberflächlichen Start. Dafür eignet sich zum Beispiel ein gemeinsames Problem: »Das Wetter heute ist echt mies. Ich hasse den Winter.« Oder:

»Dieser Bus kommt echt immer zu spät.« Komplimente funktionieren auch immer ganz gut: »Hey, cooler Pulli! Steht dir echt gut. Wo hast du den denn gekauft?«

Anfangs kommen einem diese Sätze komisch vor, aber glaubt mir, mit ein bisschen Übung fällt der Smalltalk immer leichter. Eine meiner liebsten Freundinnen habe ich kennengelernt, nachdem ich ihr gesagt habe, wie schön ich die knallblaue Haarspange an ihr finde. Wenn ihr merkt, dass der andere auf das Gespräch eingeht, könnt ihr euch im Schritt zwei einfach vorstellen: »Hi, ich bin Ella, und du?« Gleich danach könnt ihr nach Gemeinsamkeiten suchen und Themen finden, über die man sich unterhalten kann. Hat euer Gegenüber vielleicht einen Sticker von einer Band auf dem Rucksack? Fragt doch einfach mal nach, welche Band das ist und was derjenige cool an ihr findet. Oder wenn ihr auf dieselbe Schule geht, erkundigt euch, ob er oder sie auch diesen blöden Deutschlehrer oder die tolle Mathelehrerin hat. Fragen zu stellen zeigt Interesse am anderen. Wenn man dann ein bisschen von sich erzählt, ist man schneller mitten in einem Gespräch, als man denkt. Auch diese Angst werdet ihr natürlich nicht sofort ablegen, aber je mehr ihr euch überwindet, Leute einfach anzusprechen, desto leichter wird es euch fallen.

Eure Körperhaltung ist übrigens auch eine kleine Geheimwaffe. Je nachdem, wie ihr steht und sitzt, so fühlt ihr euch auch und das könnt ihr für euch nutzen. Richtet einfach das nächste Mal, wenn ihr unsicher werdet, bewusst den Rücken auf, lasst die Schultern locker und atmet ruhig ein und aus. Dabei spannt ihr gewisse Muskelgruppen an, die eurem Gehirn senden: »Wir fühlen uns sicher und selbstbewusst.« Und ziemlich schnell empfindet ihr genau das. Das ist wirklich erstaunlich, ihr müsst es echt mal ausprobieren!

Egal, welche Situation euch einschüchtert, fangt an, in kleinen Schritten daran zu arbeiten. Überfordert euch nicht gleich und seid dann enttäuscht, wenn es nicht sofort beim ersten Mal klappt. Es wird immer mal wieder Tage geben, an denen es einem schwerer fällt als an anderen. Wichtig ist nur, nicht aufzugeben, selbst wenn man das Gefühl hat, einen Schritt zurückzugehen. Pusht euch selbst hier und da und klopft euch für jeden kleinen Fortschritt auf die Schulter. Denkt daran, schüchtern zu sein, ist kein Charakterzug, sondern nur ein Gefühl, das ihr mit Übung, Geduld und Überwindung verändern könnt – wenn ihr wollt.

Wenn alle anderen doof sind

Plötzlich ist alles seltsam und alle verhalten sich furchtbar nervig. Warum müssen alle Menschen auf dieser Welt ständig blöde Fragen stellen oder mich in meinem Zimmer stören? Warum muss ich *immer* mit der Familie Abendbrot essen? Und warum nervt mich das alles auf einmal so?

Herzlichen Glückwunsch, du hast die Pubertät erreicht! Würfel noch einmal und geh dann über LOS!

Jetzt beginnt die Zeit, in der ihr euch sowohl äußerlich als auch innerlich ziemlich schnell verändert. In eurem Körper feiern die Hormone eine richtig harte Party und immer wieder hört man den tollen Satz: »Ach, da wird wieder pubertiert.« Ihr wachst, der Körper sieht plötzlich anders aus und ihr wisst manchmal nicht genau, ob ihr noch Kind oder schon Erwachsener seid. Und vor allem fühlt ihr euch nicht ernst genommen. In eurem Kopf ist das absolute Chaos ausgebrochen, und auch wenn es sich so anfühlt, als wäre dieser Gefühlscocktail ein absoluter Ausnahmezustand, hilft es vielleicht schon ein bisschen zu wissen, dass das alles ganz normal ist. Nein, ihr seid nicht plötzlich gemeine Gnome, die alles und jeden nervig finden und am liebsten allein im Wald ein Einsiedlerleben führen würden. Ich verrate euch mal, was genau da los ist.

Das Offensichtliche ist natürlich die körperliche Veränderung. Los geht's mit einem ordentlichen Wachstumsschub. Es ist nicht so, dass ihr morgens aufsteht und 20 Zentimeter größer seid, aber ihr werdet merken, dass Leute, die euch eine Weile nicht gesehen haben, euch mit dem typischen »Bist du aber groß geworden!« begrüßen. Für viele Mädchen fängt in dieser Zeit auch schon die Brust an, sich zu entwickeln, und die ersten feinen Schamhaare tauchen auf. Die Jungs sind meistens ein bisschen später dran und bei ihrem ersten Schub wachsen

#SELFIE

zuerst mal der Penis und die Hoden und auch bei ihnen kommen die ersten Schamhaare. Macht euch keinen Stress, wenn das bei euch früher oder später als bei den anderen passiert. Wir haben alle unser eigenes Tempo – sprach die Spätzünderin der Spätzünder.

Ein bis zwei Jahre später gibt's dann den nächsten Wachstumsschub. Auch danach seid ihr nicht nur ein bisschen größer, sondern eure Schamhaare sehen plötzlich anders aus. Sie sind nicht mehr fein, sondern werden kräuselig und dicker. In dieser Zeit fangt ihr auch an, anders zu riechen. Die Hormone in eurem Körper sorgen nämlich dafür, dass eure Schweißdrüsen endlich wissen, was eigentlich ihr Job ist. Wenn ihr also merkt, dass sich euer Körper langsam verändert, ist es klug, auch die Art zu verändern, wie ihr mit ihm umgeht. Spätestens mit unseren neuen Freunden, den Schweißdrüsen, sollten wir daran denken, uns jeden Tag gründlich zu waschen und Deo zu verwenden. Es sei denn, ihr steht auf den sauren Schweißgeruch. Das ist vollkommen euch überlassen. Doch wenn ihr das nicht mögt, schnuppert euch einfach mal in der Drogerie durch die verschiedenen Deodüfte, sucht euch einen aus, der euch richtig gut gefällt, und benutzt ihn jeden Morgen, bevor ihr aus dem Haus geht.

Die meisten von uns kriegen in dieser Zeit auch die ersten Pickel im Gesicht, am Nacken und auf der Brust. Für einige sind das nur ein paar, andere bekommen richtige Akne. Ihr könnt eure Haut dabei unterstützen, schnell besser auszusehen. Fangt aber bitte nicht an, jeden Tag eurer

Gesicht mit einem Block Kernseife zu waschen, denn wenn ihr eurer öligen Haut die Feuchtigkeit entzieht, denkt die nicht: »Oh, okay, die Feuchtigkeit ist weg, also lassen wir das mit den Pickeln.« Eher denkt sie: »Verdammt, irgendwas hat die Haut trocken gemacht, wir sollten lieber noch mehr Öl auf Vorrat bilden, um sicherzugehen, dass uns das nicht noch mal passiert.« Und zack, sind da noch mehr Pickel. Besser ist, sich ein mildes Waschgel zu besorgen, es täglich zu benutzen, um den überflüssigen Talg abzuwaschen, und danach die Haut einzucremen. Bei öliger Akne-Haut verwendet lieber eine leichte Creme.

Wenn ihr es damit nicht in den Griff bekommt, zieht den Joker und geht einfach mal zu einem Hautarzt. Der kann euch den ein oder anderen Geheimtipp geben. Vergesst bei dem Ärger über die Akne aber nicht, dass unreine Haut in der Pubertät vollkommen normal ist. Fast jeder hat damit zu kämpfen und ihr seid trotzdem wunderschön. Hey! Ich habe das Kopfschütteln da gesehen. Hast gedacht, das bemerke ich nicht, was? Glaub mir, auch wenn du das gerade nicht so empfindest, du bist wunderschön. Vor allem, wenn du lächelst.

In der nächsten Phase schießen die Jungs weiter in die Höhe, kriegen oft breitere Schultern und es wachsen Körper- und Gesichtshaare. Wusstet ihr, dass sowohl Mädchen als auch Jungs in den Stimmbruch kommen? Na ja gut, bei den Jungs ist das oft wirklich deutlich zu hören, weil die Stimme sich eine Weile ganz anders anhört und am Ende bis zu einer Oktave tiefer sein kann. Bei Mädchen passiert das meistens unauf-fälliger, aber auch ihre Stimme verändert sich, von der hohen kindlichen zu einer etwas tieferen, erwachsenen Stimme.

Umso besser ihr Bescheid wisst, **WAS MIT EUREM KÖRPER LOS IST,** desto entspannter könnt ihr **DAMIT UMGEHEN.**

Im nächsten Schritt werden bei den Mädchen das Becken und die Hüften ein bisschen breiter und die Menstruation, das heißt die Regelblutung, beginnt. Einige merken das kaum, andere haben dabei richtig blöde Bauch-, Rücken- und Kopfschmerzen. In dieser Zeit solltet ihr besonders gut zu euch zu sein. Macht es euch gemütlich, besorgt euch eine Wärm-flasche und versucht, euch zu entspannen. Meistens dauern die Schmer-zen nur einen Tag an und danach ist es schon viel besser. Spätestens nach der ersten Periode solltet ihr mal zum Frauenarzt gehen, um euch durchchecken zu lassen. Er oder sie untersucht euch, tastet im Idealfall die Brust ab und beantwortet all die Fragen, die ihr vielleicht haben könntet. Ich bin gleich nach meiner ersten Regel zum Frauenarzt gegangen, habe mich aber nicht getraut, Fragen zu stellen. Wenn euch das auch so geht, dann sucht euch jemanden, dem ihr vertraut. Einige Dinge habe ich mit meiner Mama besprochen, andere mit meiner Omi und wieder andere mit Freundinnen. Wichtig ist nur, dass ihr fragt, was ihr erfahren wollt. Denn umso besser ihr Bescheid wisst, was mit eurem Körper los ist, desto entspannter könnt ihr damit umgehen.

Damit unser Körper sich von seiner kindlichen Form in die erwachsene entwickeln kann, muss er die richtigen Hormone produzieren. Ein bisschen so, als würde ein Männchen im Kopf festlegen, dass ab sofort auf Erwachsen umgestellt wird, dann drückt er ein paar Knöpfe und der Umbau in euch beginnt. Neben unserem Körper verändert sich auch unser Gehirn. Einige Teile werden komplett umstrukturiert, weshalb eine Weile der Ausnahmezustand herrscht. Plötzlich interessieren wir uns für Sachen, die wir gestern nicht mal mit zugekniffenem Auge freiwillig angeschaut hätten. Diese ständigen Veränderungen machen uns logischerweise unsicher und wir fangen an, so ziemlich alles anzuzweifeln. Ganz egal, ob es dabei um uns selbst geht oder zum Beispiel die Beziehung zu unseren Liebsten, wir wissen einfach gar nichts mehr.

Aber wie denn auch? Wenn man jeden Tag aufwacht und sich ein bisschen anders fühlt, weiß man eben nicht, was man erwarten soll. Das Beste, was ihr in dieser Zeit machen könnt, ist, gut und ehrlich zu euch selbst zu sein. Auch wenn das extrem schwierig ist, behaltet im

Hinterkopf, dass manche Dinge sich zwar gerade extrem anfühlen, aber eigentlich nicht so dramatisch sind. Der Teil eures Gehirns, der für das Bewerten von Situationen zuständig ist, euch also klarmacht, ob etwas gerade bloß aufregend oder wirklich gefährlich ist, ist am längsten von den Umbauarbeiten betroffen. Damit wir nicht wie Zombies durch die Gegend laufen, orientiert sich alles um und wir benutzen in dieser Zeit für unsere Entscheidungen einfach den Teil des Gehirns, der eigentlich für Emotionen zuständig ist. Wir entscheiden also in der Pubertät weniger mit der Vernunft und mehr mit dem Gefühl. Das funktioniert zwar, aber es macht uns auch risikobereiter, ohne dass wir das bewusst mitkriegen. Meistens wundern wir uns darüber, wie übervorsichtig unsere Eltern und andere Erwachsene sind. Manchmal sind sie das auch, aber oft stecken wir einfach zu sehr in unserer YOLO-Phase, um sie zu verstehen. Vielleicht ist es doch keine *so* gute Idee, sich nachts aus der Wohnung zu schleichen, um sich in einem verlassenen Haus heimlich mit Freunden zu treffen?

Ansonsten spüren wir die Bauarbeiten am Gehirn vor allem durch die Stimmungsschwankungen. In einem Moment sind wir der glücklichste Mensch auf der ganzen Welt, im nächsten könnten wir nicht deprimierter sein, dann ist alles unfassbar witzig und noch einen Augenblick später könnten wir vor Wut ein Loch in die Wand hauen. Viele von uns kämpfen in dieser Zeit auch mit Zweifeln. Manche brauchen einen Moment, um sich an die körperlichen Veränderungen zu gewöhnen, und zweifeln sehr an sich selbst. Dadurch werden sie sensibler und reagieren emp-findlicher auf Dinge, die zu ihnen gesagt werden. Oft bewerten wir alles über, ziehen uns zurück und verlieren unser Vertrauen in Menschen. Nein, ihr werdet nicht wahnsinnig. Auch das ist normal und ich verspreche, dass sich das wieder ändern wird, sobald die Gehirn-umbauarbeiten abgeschlossen sind.

Neben all diesen schwierigen Veränderungen kommen auch positi-ve, denn je mehr sich unser Kopf entwickelt, desto klüger werden wir. Wir fangen an, komplizierte Zusammenhänge zu begreifen, können uns leichter unsere eigene Meinung bilden und Entscheidungen treffen. Wir werden mutiger und lernen, für das einzustehen, an das wir glauben. Also ja, die Pubertät ist eine schwierige, verwirrende Zeit, aber sie hat auch positive Seiten. Nutzt die Erfahrungen, die ihr jetzt macht, um zu wachsen und zu dem Menschen zu werden, der ihr sein wollt. Denn wenn all das Gefühlschaos verschwindet, könnt ihr plötzlich klarer sehen, euch selbst kennenlernen und an euch arbeiten, bis ihr euch richtig gut leiden könnt. Und das, ihr Lieben, ist das beste Gefühl auf der ganzen Welt.

Frühentwickler oder Spätzünder?

Ich glaube, inzwischen ist allen klar, dass die Pubertät eine seltsame Zeit ist. Vor allem haben wir das Gefühl, dass wir nicht richtig sind, so wie wir sind. Also schauen wir uns unsere Freunde und Mitschüler an und fangen an zu vergleichen. Sieht das bei den anderen auch so komisch aus, wenn die Brüste wachsen? Haben die anderen auch diesen komischen Flaum auf der Oberlippe? Immer wieder fragen wir uns, was normal ist, und sind ein bisschen beruhigt, wenn wir merken, dass wir damit nicht allein sind.

Jetzt stellt euch mal vor, ihr wacht morgens auf und die Pubertät hat, ohne euch zu fragen, einfach schon mal losgelegt. Als wäre das nicht genug, fällt einem dann in der Schule auf, dass sie bei allen anderen noch gar nicht angefangen hat. Auch gibt es das komplette Gegenteil davon. Woche für Woche merkt man, wie alle anderen irgendwie seltsam werden. Die Mädchen beginnen plötzlich, sich für Jungs zu interessieren, und die haben totalen Spaß daran, die Mädchen zu ärgern. Man selbst fragt sich, warum eigentlich niemand mehr Lust hat, sich am Wochenende zum Spielen zu verabreden. Egal, ob man ein Frühentwickler oder ein Spätzünder ist, beides kann echt nerven, denn alles, was wir in dieser unsicheren Zeit wollen, ist, wie die anderen zu sein.

Wenn als Mädchen schon mit acht die Brüste anfangen zu wachsen und man die Erste in der Klasse ist, die ihre Tage bekommt, reagieren die anderen oft komisch. Viele haben zu diesem Zeitpunkt vielleicht noch nicht verstanden, was Pubertät ist und dass sie auch mal durch diese Phase gehen werden. Also finden sie es seltsam, dass jemand, der doch gerade noch so aussah wie sie selbst, plötzlich erwachsener wirkt. Manchmal reagieren die anderen mit unangenehmen Fragen, die man selbst gar nicht beantworten kann oder will, und manchmal ziehen sie einen damit auf: »Ey, du hast da so komische Beulen unterm Shirt. Hast du dich gestoßen?«

Mit dem Körper verändert sich natürlich auch der Kopf und damit die Interessen. Man hört auf, sich für seine Spielsachen zu interessieren, und hat viel mehr Spaß daran, einfach irgendwo zu sitzen und sich zu unterhalten. Wenn die eigenen Freunde das aber total langweilig finden, fühlt man sich schnell einsam. Genauso geht es auch denen, die sich später entwickeln als die anderen. Ich persönlich war eine Spätzünderin und konnte überhaupt nicht verstehen, warum niemand mehr Lust hatte, mit mir Videospiele zu zocken oder *Disney*-Filme zu schauen. Alle waren plötzlich ganz besonders erwachsen und fanden mich zu laut und zu kindisch. Außerdem war ich gefühlt die Letzte, deren Körper sich entwickelt hat, und musste mir regelmäßig gemeine Sprüche anhören. Als ich mit 15 immer noch nicht meine Tage hatte, dachte ich wirklich, etwas stimmt nicht mit mir, und wünschte mir sehnlich, dass es endlich passiert, damit ich wieder normal bin. Wenn ich heute daran denke, kann ich nur den Kopf schütteln.

Obwohl es eigentlich ganz normal ist, dass jeder in seinem eigenen Tempo erwachsen wird, fühlt man sich ganz schnell so, als wäre etwas mit einem nicht in Ordnung. Man gehört irgendwie nicht mehr dazu. Für mich war eigentlich am nervigsten, wenn mir jemand gesagt hat: »Sei doch froh, dass du deine Tage noch nicht hast. Du hast ja keine Ahnung, wie ätzend das ist.« Genauso ging es meiner Freundin, die in der vierten Klasse komplett entwickelt war und zum ersten Mal ihre Tage bekam. »Sei doch froh, dass du schon Brüste hast, das sieht schön aus.« Diese Sätze schließen einen aus und man versteht gar nicht, dass sie einem eigentlich ein besseres Gefühl geben sollen.

Ihr könnt nichts daran ändern, ihr könnt nur DAS BESTE DARAUS MACHEN.

Einige Dinge werden auch zu einem Wettbewerb und plötzlich versucht jeder, der Erste mit einer Freundin zu sein oder die Erste, die schon mal jemanden geküsst hat. Das setzt einen noch mehr unter Druck. Mir hat damals der Rat einer älteren Dame aus dem Theater sehr geholfen. Er klingt so einfach, aber er ist so wahr: »Ändern kannst du es nicht, aber das Beste daraus machen kannst du.« Diese Dame hieß

Irmgard und wurde später meine Freundin. Ihr Satz hat mir geholfen, wieder klar zu sehen. Niemand kann etwas dafür, ob er früh oder spät dran ist, denn das ist nichts, was wir beeinflussen können. Ihr könnt nichts daran ändern, ihr könnt nur das Beste daraus machen.

Meine frühreife Freundin ist heute froh, dass sie in dieser Zeit angefangen hat, sich mit älteren Schülern anzufreunden, und so sehr früh sehr viel über das Leben gelernt hat. Ich hingegen bin heute froh, dass ich vielleicht ein bisschen länger Kind sein konnte als andere und nicht versucht habe, jemand zu sein, der ich nicht war. Ich habe irgendwann aufgehört, mir ständig Gedanken darüber zu machen, ob es noch okay ist, dass ich lieber zu Hause spiele, als mit den coolen Kids an der Bushaltestelle zu sitzen, und bin einfach noch Kind gewesen. Irgendwann habe ich meine Spielsachen weggeräumt, damit sie nicht so offensichtlich in meinem Zimmer herumliegen, aber ich hatte zu viel Spaß daran, als dass ich sie hätte wegwerfen können.

Ich würde es genauso wieder machen und mit 15 den Spaß meines Lebens haben, während ich mit meinem Kumpel Robert, der drei Jahre jünger war als ich, Super Mario Kart spiele. Sind wir mal ehrlich, ich würde heute noch jede Gelegenheit nutzen, um jemanden auf meinem alten Nintendo 64 in Grund und Boden zu spielen, aber irgendwann wurden für mich auch andere Dinge interessant. Ich habe mich verliebt und das Kindsein ist in den Hintergrund getreten. In dieser Zeit habe ich gar nicht mitbekommen, dass ich nun wirklich erwachsen werde. Es ist einfach passiert und war für mich in  genau diesem Moment richtig.

Auch wenn ihr euch gerade vielleicht nicht so wohlfühlt, seid ihr genau richtig, so wie ihr seid. Ganz egal, ob ihr schon damit fertig seid, bevor bei den anderen überhaupt die Pubertät angefangen hat, oder ob ihr euch als Letzte entwickelt. Es kommt darauf an, Spaß zu haben, zu lernen und genau das zu tun, was einen glücklich macht – so wie später im Leben auch.

VON Wurzeln UND Flügeln

Die Beziehung zu unseren Eltern ist unsere allererste. Mama und Papa sind unsere ersten besten Freunde, sie unterstützen und beschützen uns und wir lieben sie dafür. Aber auch, wenn wir zu schätzen wissen, was sie alles für uns tun, gibt es Situationen, die uns an die Decke gehen lassen, weil sie etwas nicht verstehen wollen oder anders handeln, als wir es gern hätten. In diesem Kapitel verrate ich euch, wann ihr akzeptieren müsst, dass Eltern für uns komische Entscheidungen treffen, wann ihr euch dagegen wehren könnt und solltet und wie ihr das am besten macht.

Wenn Eltern plötzlich kompliziert werden

Unsere Eltern sind manchmal komisch. Manchen von uns kommt es vor, als hätten sie uns früher, als wir noch klein waren, viel mehr geliebt, uns Dinge beigebracht, unsere Umgebung erklärt und uns immer vor allem beschützt. Klar gab es auch mal Ärger, aber wir wussten, dass wir in die Welt hinausstolpern können, und wenn wir hinfallen, uns die Arme derer, die uns immer lieben werden, auffangen. Früher waren sie viel toller und so gut wie jeder von uns hat mal lautstark verkündet, dass er oder sie mal Mama oder Papa heiraten wird. Dieses Gefühl der Geborgenheit ist jetzt irgendwie anders und unsere Eltern gefühlt nur noch anstrengend.

Soll ich euch verraten, was sich verändert hat? *Ihr.* Ja, richtig gelesen. Eure Eltern lieben euch noch ganz genauso wie früher und sie würden immer noch für uns durchs Feuer gehen, aber das können wir irgendwann nicht mehr sehen. Wenn wir älter werden, die Pubertät um die Ecke kommt und unsere Hormone anfangen eine Party zu schmeißen, empfinden wir alles plötzlich anders, fangen an, unsere Eltern sehr kritisch zu betrachten und oft härter mit ihnen ins Gericht zu gehen als mit jedem anderen. Mit der Zeit fällt die perfekte Fassade für uns und wir sehen vor allem ihre kleinen und großen Fehler.

Umgekehrt ist es auch für unsere Eltern komisch. Wir sind plötzlich nicht mehr ihre kleinen Kinder, die gern kuscheln kommen, und brauchen immer weniger ihre Hilfe. Sie verstehen einfach nicht, was los ist, während wir uns mehr und mehr zurückziehen. Immer wieder gibt es Situationen, in denen wir sie zum Mond schießen könnten. »Boah, wie die ihr Leben führen. So will ich nie werden.« Kennt ihr diese Gedanken? Unseren Eltern geht es vermutlich ähnlich: »Was ist denn plötzlich los und warum ist alles so dramatisch?« Heißt das, dass unsere Eltern es einfach nicht begreifen wollen? Oder sind wir undankbare Gnome, die sie zu Unrecht blöd finden?

Nicht wirklich. Für sie werden wir viel zu schnell erwachsen. Sie vermissen es, ständig gebraucht zu werden, verstehen nicht mehr, wann wir in den Arm genommen und wann in Ruhe gelassen werden wollen, und brauchen ein bisschen Zeit, um einzusehen, dass wir keine Kinder mehr

sind. Ja, wir sind manchmal überkritisch mit unseren lieben Erziehungs-
berechtigten und gestehen ihnen weniger Fehler zu als allen anderen,
aber Gnome sind wir deshalb nicht.

Eltern brauchen ein bisschen Zeit,
um einzusehen, DASS WIR
KEINE KINDER MEHR SIND.

Was ihr da empfindet, sind die klassischen Abnabelungsgefühle, und die
sind sogar sehr wichtig für uns. In der Pubertät haben wir oft keine Lust
mehr, unseren Eltern irgendwas zu erzählen, und unsere Freunde werden viel wichtiger für uns. Mama und Papa sind irgendwie anstrengend
mit ihrem Nachfragen und Kümmern und wir können es kaum erwarten,
endlich auszuziehen. Dann können wir unsere eigenen Entscheidungen
treffen, schlafen und essen, wann wir wollen, und machen sowieso alles
anders. Diese Streitigkeiten sind für beide Seiten unheimlich anstrengend
und ätzend, aber sie sind notwendig. Indem wir uns mit unseren Eltern
streiten, setzen wir uns mit ihren Regeln auseinander und testen, ob
sie wirklich bestehen müssen. Wir hören auf, einfach zu akzeptieren, dass wir etwas nicht dürfen, und hinterfragen, ob das wirklich
sinnvoll ist. Das zeigt unseren Eltern, dass wir älter werden und
sich unsere Bedürfnisse verändern. Wir lernen so, uns durchzusetzen und

Kompromisse zu finden. Es ist wichtig für unsere Entwicklung, damit wir selbstständiger werden. Wir lösen uns Stück für Stück vom Elternhaus und entdecken so unsere eigenen Werte, Vorstellungen und Träume. Oft liegen wir mit unseren Ideen von der Welt so weit auseinander, dass wir uns manchmal fragen, ob wir wirklich verwandt sind.

Unsere Freunde sind in dieser Zeit so wichtig wie nie, denn sie sind die Einzigen, die nachvollziehen können, wie es uns gerade geht. Bei ihnen fühlen wir uns verstanden und angenommen. Mit dem Abstand zu Mama und Papa zwingen wir uns gleichzeitig immer mehr, auf eigenen Beinen zu stehen. Wir hören auf, bei jedem kleinen Problem Hilfe zu holen, und versuchen, alles selbst zu lösen. Auch wenn wir im Hinterkopf wissen, dass wir weich fallen, denn unsere Eltern retten uns den Hintern, wenn es hart auf hart kommt. Wenn wir die Pubertät hinter uns haben, wissen wir sehr viel besser, was wir gut können und wie man bestimmte Probleme angeht, und können unser eigenes Leben beginnen.

Wenn wir diese Phase nicht durchmachen würden, wüssten wir nie, wie man auf eigenen Beinen steht, und würden wahrscheinlich noch mit Ende 50 unsere Eltern anrufen, wenn wir mal Streit mit dem Chef haben, und sie um einen Entschuldigungszettel für den nächsten Tag bitten. Mit der Zeit werdet ihr merken, dass sich die Beziehung wieder normalisiert. Irgendwann haben alle verstanden, wie das neue Zusammenleben funktioniert, die Streitigkeiten werden weniger und alles etwas entspannter. Und dann kommt der Moment, in dem man heimlich denkt, dass Mama und Papa vielleicht doch mit dem ein oder anderen recht hatten. Pst, wir müssen es ihnen ja nicht verraten – zumindest nicht sofort …

Diese Zeit ist für alle anstrengend, aber vielleicht versucht ihr, nicht zu vergessen, dass eure Eltern es eigentlich gut meinen. Ja, sie sind definitiv nicht perfekt, aber sind wir mal ehrlich, wir sind es auch nicht. Wenn wir mal Kinder haben, werden wir bestimmt auch Fehler machen. Vielleicht nicht dieselben, aber andere. Auch wenn ihr erwachsen seid, werdet ihr für eure Eltern immer das Kind bleiben. Ich diskutiere heute noch mit meiner Mama darüber, ob ich im Dunkeln allein in der Stadt unterwegs sein sollte, und immer wieder zieht sie meinen Pullover hoch und fragt mich erschrocken, ob ich denn kein Unterhemd trage. Pst, das tue ich, seit ich zehn bin, nicht mehr. Manche Dinge werden sich wohl nie ändern. Im Unterschied zu früher kann ich heute darüber lachen und glaubt mir, euch wird es genauso gehen.

HOME
sweet
HOME

Versteht doch endlich! Ich bin jetzt erwachsen!

Ist es nicht ätzend, wie ein Kind behandelt zu werden, wenn man sich schon lange nicht mehr so fühlt? Oft passiert Eltern aber genau das. Sie sehen uns als ihre Kinder und gehen auch so mit uns um. Das machen sie nicht, um uns zu ärgern, sondern einfach, weil die Info noch nicht bei ihnen angekommen ist. Wäre es nicht praktisch, wenn es einfach eine WhatsApp-Nachricht gäbe, die ihnen verklickert: »Hallo, hiermit informieren wir Sie, dass Ihr Kind jetzt erwachsen ist und auch so behandelt werden kann. Haben Sie noch einen schönen Tag.«

Das Problem ist nur, dass wir diese Info ja nicht mal selbst ganz sicher rausgeben können. Wie wir vorher ja schon geklärt haben, verändert ihr euch in der Pubertät ständig und sehr schnell. Das ist nicht nur für euch schwer zu begreifen, sondern auch für eure Eltern. In einem Moment handelt ihr verantwortungsbewusst und selbstständig und im nächsten seid ihr doch noch ein bisschen kindlich. Dummerweise hilft es auch nicht, einfach zu sagen, dass man jetzt anders behandelt werden möchte. Schließlich hat man vor zwei oder drei Jahren noch steif und fest behauptet, dass da ein Monster unterm Bett wohnt. Wie könnt ihr euren Eltern also beweisen, dass ihr es diesmal ernst meint?

Genau, ihr müsst es ihnen zeigen. Vergesst nicht, es ist ihr Job, euch zu beschützen. Stellt euch vor, sie hätten euch mit sechs Jahren in eure erste eigene Wohnung ziehen lassen, nur weil ihr behauptet habt, ihr kommt schon klar. Nur wenn ihr euch verantwortungsbewusst verhaltet, werden Mama und Papa euch ernst nehmen. Dazu gehört sowohl das richtige Miteinandersprechen, als auch pflichtbewusster Umgang mit sich selbst und anderen. Ihr müsst lernen, zu eurem Wort zu stehen, und etwas für das Zusammenleben mit eurer Familie tun.

Manche Eltern sind streng und verlangen von uns, wie Kleinkinder zu

absurden Zeiten ins Bett zu gehen oder die Hausaufgaben noch mal neu abzuschreiben, nur weil die Handschrift nicht ordentlich genug war. Das tun sie manchmal, weil sie Angsthasen sind. Sie lieben euch sehr, haben einfach Schiss, dass euch was passiert, oder befürchten, dass ihr im Leben nicht das erreichen könnt, was ihr euch wünscht, wenn ihr nicht richtig gut in der Schule seid. Es kann aber auch sein, dass sie es selbst nicht anders kennen, weil schon ihre Eltern sie so streng erzogen haben, oder es hat ganz andere Gründe. Das heißt nicht, dass es immer okay ist, wenn sie sich so verhalten, aber es erklärt es ein bisschen. An dieser Stelle ist es klug, dieses Erwachsensein mal auszuprobieren und das Gespräch zu suchen.

Nur wenn ihr euch VERANTWORTUNGSBEWUSST verhaltet, werden Mama und Papa euch ERNST NEHMEN.

Kleiner Tipp: Macht das nicht, wenn ihr gerade richtig wütend seid, sondern dann, wenn ihr in Ruhe darüber reden könnt. Mit Wut im Bauch kann man nicht gut miteinander sprechen. Meistens endet das im Chaos. Fragt eure Eltern, warum sie so entscheiden, denn manchmal tun sie es aus Gründen, die man selbst noch nicht bedacht hatte. Anschließend kann man versuchen, gemeinsam einen Kompromiss zu finden. Das ist für beide Seiten sehr hilfreich. Eure Eltern verstehen dann, dass ihr langsam erwachsen werdet und sie anfangen müssen, euch entgegenzukommen, und ihr lernt, wie ihr in Ruhe und ohne Streit etwas klären könnt.

Nehmen wir an, eure Mutter erklärt euch, dass ihr schon um 20 Uhr im Bett sein müsst, weil ihr euch sonst in der Schule nicht gut genug konzentrieren könnt. Das ist eine berechtigte Angst, denn bei anderen könnte es ja wirklich so sein, richtig? Erklärt eurer Mama dann, dass ihr sie versteht. So kommt bei ihr an, dass ihr nicht einfach nur euren Willen durchsetzen wollt, sondern sie ernst nehmt. Seid ihr euch sicher, dass ihr auch gute Noten haben werdet, selbst wenn ihr eine Stunde später schlafen geht? Dann macht doch einen Deal. Zum Beispiel: »Mama, ich verstehe dich total. Ich will ja auch keine schlechten Noten, aber ich bin jetzt etwas älter und glaube, dass ich abends vor dem Schlafengehen noch ein bisschen lesen kann.«

Ihr könnt vorschlagen, diesen Plan in den nächsten zwei Wochen mal auszuprobieren. Wenn es sich für alle gut anfühlt und die Noten nicht darunter leiden, wissen eure Eltern, dass es klappt, und die neue Uhrzeit kann zur Regel werden. Auf diese Weise kommt ihr eher und entspannter zum Ziel als mit Rumbocken und Geschrei. Ich bin mir sicher, dass meine Mama beim Lesen gerade lächeln muss, denn in dem Bock-Ding war ich Meisterin. Also ärgert euch nicht, wenn das mit dem In-Ruhe-Klären nicht gleich funktioniert. Wichtig ist, es immer wieder zu versuchen, bis man wie ein erwachsener Mensch Lösungen finden kann.

Eine andere Sache, die euch dabei hilft, das Vertrauen eurer Eltern zu gewinnen, ist, euch am Familienleben zu beteiligen. Fangt an, ungefragt im Haushalt zu helfen. Räumt zum Beispiel euer Zimmer auf. Klingt *lame*? Dann überlegt mal. Wen würdet ihr für verantwortungsbewusster halten: Jemanden, der seit zwei Wochen seinen Fußboden unter dem ganzen Chaos nicht mehr gesehen hat, oder jemanden, der sich die Zeit nimmt, aufzuräumen, alte Dinge auszusortieren, und dann die Ordnung beibehält?

Wenn ihr aus der Schule kommt und fünf Minuten Zeit habt, saugt doch einfach mal oder wascht den Topf ab, der stehen geblieben ist. Es geht nicht darum, dass ihr ab sofort den ganzen Haushalt schmeißt, sondern nur um kleine Hilfen hier und da. Zum einen werden sich eure Eltern sehr darüber freuen und das wird sich auch positiv auf die Stimmung in der Familie auswirken. Zum anderen spüren sie, dass ihr kein Kind mehr seid, und werden euch nach einer Weile anders behandeln und euch mehr Freiheiten einräumen.

Natürlich stärkt ihr das Vertrauen eurer Eltern in euch auch, wenn ihr Verantwortung für euch selbst übernehmt. Macht eure Hausaufgaben, ohne dass ihr daran erinnert werden müsst. Es ist okay, wenn ihr nicht in jedem Fach eine Leuchte seid, aber Verantwortung zu übernehmen, bedeutet an dieser Stelle auch zu sagen, wenn ihr Hilfe braucht. Ich hatte wenige Probleme mit der Schule. Ich bin gern hingegangen, meine Noten waren gut, aber Mathe war immer mein Endgegner. Es hat mich einfach nicht interessiert, ich verstand es nicht und nach und nach wurden meine Noten schlechter. Die ganze Zeit dachte ich, dass ich das irgendwie allein hinkriegen muss, um erwachsen zu erscheinen.

Das ist Blödsinn. Auch wenn man älter ist, kann man nicht alles, und bis heute sind Mathe und ich keine Freunde. Aber in dem Moment, in dem ich zugegeben habe, dass es mir schwerfällt, und mir Hilfe gesucht habe, habe ich Verantwortung übernommen. Ich habe eine kleine Lerngruppe gegründet und mich regelmäßig mit ihr getroffen. Gemeinsam sind wir die tollen mathematischen Wundertüten durchgegangen. Meine Mathenoten waren nie super, aber ich habe mich durchgebissen, mich auf einer Drei gehalten und aus mir ist trotzdem was geworden.

Ihr merkt schon, es geht nicht darum, dass ihr perfekt werdet, damit eure Eltern euch ernst nehmen, sondern darum, Stück für Stück mit kleinen und großen Dingen zu zeigen, dass ihr selbstständig seid. Jemand, dessen Zimmer halbwegs ordentlich ist, der ungefragt den Abendbrottisch deckt und seine Hausaufgaben alleine erledigt, muss sicher nicht ewig darum bitten, eine Stunde länger aufbleiben zu dürfen.

Wenn Erwachsene Fehler machen

Wir alle wissen, wie Erwachsene sein sollten. Egal, ob diese Vorstellungen von unserem Umfeld kommen oder aus Filmen und Büchern. Wir wünschen uns die perfekten Eltern. Welche, die uns Sicherheit geben, immer wissen, was zu tun ist, fair handeln und uns immer an erste Stelle setzen. Aber soll ich euch was sagen? Es gibt keine perfekten Eltern. Das bedeutet nicht, dass sie nicht besonders und wundervoll sein können, aber perfekt sind sie alle nicht. Warum? Weil wir Menschen nun einmal nicht perfekt sind. Wir alle machen Fehler. Trotzdem sind unsere Eltern für uns verantwortlich und müssen zu Beginn unseres Lebens Entscheidungen für uns treffen. Das ist einfach ihr Job als Eltern. Doch es kann Situationen geben, in denen sie diesen Job nicht gut machen und in denen ihr ein Recht habt, euch zu beschützen.

Manchmal sind Eltern zu streng und üben zu starken Druck auf uns aus. Sie meinen es oft gut und wollen unser Bestes, dabei fällt ihnen aber gar nicht auf, dass sie uns seelisch verletzen. Das ist nicht okay. Wenn ihr merkt, dass eure Eltern euch immer wieder runtermachen und zu stark unter Druck setzen, redet mit ihnen. Obwohl es sehr beängstigend sein kann, ist es ganz wichtig, dass ihr das Gespräch mit ihnen sucht. Sagt ihnen, wie es euch geht. Es ist klug, das in einem ruhigen Moment zu machen. Vielleicht, wenn ihr gerade zusammen einen Ausflug unternehmt oder gemütlich beim Abendbrot sitzt. Versucht einfach zu erklären, wie ihr empfindet: »Mama, ich hab was auf der Seele. Ich fühl mich im Moment so unter Druck gesetzt. Ich hab Angst, dass du mich nicht mehr lieb hast, wenn meine Noten nicht gut genug sind.«

Glaubt mir, solche Sätze erschüttern Eltern und ich wette, ihre erste Reaktion ist, euch in den Arm zu nehmen. Meistens merken sie gar nicht, was zu viel Druck mit uns macht. Ein bisschen Druck ist ganz gut, damit wir uns nicht gehen lassen und Disziplin lernen. Aber wenn es zu viel wird, sind wir irgendwann wie erstarrt, fühlen uns klein und unsicher. Wenn ihr euch nicht traut, es euren Eltern zu sagen, dann vertraut euch einem anderen Erwachsenen an, zum Beispiel eurer Omi, eurem Onkel oder einer Lehrerin. Das Schlimmste, was ihr machen könnt, ist zu schweigen, denn dann ändert sich gar nichts. Wenn ihr aber einen Vertrauten habt, seid ihr nicht mehr allein und könnt gemeinsam einen Weg finden.

Es gibt aber Dinge, die Eltern nicht machen dürfen. Früher war es ganz normal, dass Kinder geschlagen wurden. Selbst in der Schule gab es für die, die nicht aufgepasst haben oder frech waren, einen Schlag mit dem Rohrstock. Meine Großeltern kannten das noch zu gut. Über die letzten Jahre hat sich das Gott sei Dank verändert. Ich habe nur noch sehr selten eine hinter die Ohren bekommen und heute ist das nicht mehr erlaubt. Niemand darf euch schlagen oder verletzen – weder eure Eltern noch andere Erwachsene – und ihr habt ein Recht darauf, euch zu wehren.

Und zwar so: Wenn ihr könnt, sprecht es an und sagt ihnen ganz klar, dass sie das nicht dürfen: »Papa, ich verstehe, dass du böse auf mich bist, aber es ist nicht okay, mich zu schlagen.« Es kann sein, dass sich eure Eltern im Eifer des Gefechts vergessen haben. Das ist nicht okay, aber dann werden sie selbst über ihre Reaktion erschreckt sein. Sollten sie euren Einwand ignorieren und es immer wieder machen, müsst ihr einem anderen Erwachsenen davon erzählen. Natürlich ist das richtig schwer, denn meistens hat man Angst davor, was dann passiert. Versucht, erst mal nicht daran zu denken, denn es einfach weiter zu ertragen ist keine Option.

Ihr seid unheimlich wertvoll **UND NIEMAND HAT DAS RECHT,** *euch etwas Böses anzutun.*

Ihr müsst euch selbst beschützen, und wenn ihr das nicht alleine könnt, sucht euch ein Team. Bittet einen Freund oder eine Freundin um Hilfe. Erzählt es deren Eltern oder einem netten Lehrer. Ich weiß, es gibt sie an jeder Schule. Egal in welcher Form, Gewalt gegen euch ist niemals okay. Zum Glück passiert so was eher selten. Wenn es euch selbst nicht betrifft, haltet die Augen offen und helft, wenn es einem eurer Freunde zustößt. Schaut nicht weg und ignoriert es, wenn ihr so etwas erfahrt. Ihr müsst das Problem nicht lösen, sondern es nur einem Erwachsenen erzählen. Der geht das Problem an und sorgt dafür, dass es nicht wieder passiert.

Es kann aber auch sein, dass eure Eltern psychisch nicht gesund sind und sich nicht mehr gut um euch kümmern können. Das ist sehr selten, aber jeder kann krank werden, dafür kann niemand etwas. Egal, ob es Depression ist, eine Sucht oder etwas ganz anderes, so eine psychische

Krankheit sorgt dafür, dass ein Mensch sich plötzlich ganz anders verhält. Niemand macht das mit Absicht oder sucht es sich aus. Dennoch ist es wichtig, dass eure Rechte beachtet werden. Ihr habt ein Recht auf eine halbwegs saubere Umgebung, auf ein Bett und regelmäßiges Essen. Ihr habt ein Recht, zur Schule zu gehen und zu lernen. Wenn eure Eltern krank sind, können sie sich manchmal nicht mehr richtig um euch kümmern, obwohl sie es vielleicht wollen. Das bedeutet nicht, dass ihr von da an eure Eltern und euch selbst versorgen müsst. Das ist nicht eure Aufgabe. Ihr seid noch nicht erwachsen und müsst es auch nicht sein. Auch hier ist die einzige Lösung, jemandem davon zu erzählen.

Egal, wie eure Rechte verletzt werden, von wem und wann, wenn ihr merkt, dass ihr nicht richtig behandelt, vernachlässigt, seelisch oder körperlich verletzt werdet, tut mir einen Gefallen und schweigt nicht einfach. Es ist nicht in Ordnung, wenn euch Erwachsene regelmäßig schlagen, anschreien und sagen, dass ihr wertlos seid. Es ist nicht in Ordnung, wenn ihr kein Bett habt oder kein Essen bekommt. Hier ist die Telefonnummer des Sorgentelefons: **0800 111011**. Die könnt ihr im Fall der Fälle anrufen. Ruft an, wenn euch Unrecht widerfährt, oder auch, wenn ihr nicht sicher seid, ob das so ist. Es ist okay, zu zweifeln und einfach mal eine Meinung von außen zu erhalten. Am anderen Ende der Leitung sind liebe Menschen, denen ihr vertrauen könnt und die euch beraten und helfen werden. Ihr seid unheimlich wertvoll und niemand hat das Recht, euch etwas Böses anzutun.

GRL GNG

ME
WE

#BFF

ES
lebe
DIE
FREUNDSCHAFT!

POW

Die meisten von uns, ganz egal wie alt wir sind, wünschen sich Freunde. Menschen, die uns lieben und stützen, wenn es in unserem Leben mal schwierig wird. Menschen, die wir mögen und die uns ähnlich sind. Einige Menschen, die wir zu unseren Freunden machen, bleiben ein Leben lang an unserer Seite, andere nicht. Aber warum ist Freundschaft manchmal so kompliziert? Woher weiß man, wer echte Freunde sind, wie findet man sie und was passiert, wenn man plötzlich nicht mehr befreundet ist?

Woran erkennt man echte Freunde?

Als ich noch zur Schule gegangen bin, habe ich mir immer eine beste Freundin gewünscht. Eine, mit der ich alles teilen kann. Die meine Geheimnisse kennt und mir ihre verrät. Ich habe mich immer wieder in meiner Klasse umgesehen und mochte so viele Mädchen und Jungs gern, die auch meine Freunde wurden, aber keine wurde zu meiner *besten* Freundin. Jahre später habe ich erst erkannt, dass ein Mädchen, das nebenan wohnte und mit dem ich sehr viel Zeit verbrachte, die beste Freundin war, die ich mir schon immer gewünscht hatte.

Wir hatten eine Geheimsprache, die nur wir verstanden, eine Gebärdensprache, mit der wir uns quer durch den Raum unauffällig unterhalten konnten, teilten die gleichen Hobbys, Wünsche und Träume. Aber wisst ihr was? Ich habe einfach nicht geschnallt, dass sie meine beste Freundin ist. Erst viel später habe ich begriffen, wer sie für mich ist. Denn obwohl wir beide nicht mehr zur Schule gingen und in unterschiedlichen Städten lebten, waren wir uns so nah wie eh und je, weil wir einander zu schätzen wussten.

Echte Freunde sind wundervoll. Sie sind der Bert zu unserem Ernie, der Willi zu unserer Maja und der Tom zu unserem Jerry … na ja, Letzteres vielleicht nicht unbedingt. Freunde sind bunte Schirme an grauen Regentagen und manchmal kleine Flügel, die uns helfen, über uns hinauszuwachsen. Je älter man wird, desto mehr verändern sich Freundschaften (lasst euch das von der alten Frau mit dem langen weißen Bart sagen), aber ihre Bedeutung ändert sich nicht. Wir fühlen uns gut mit unseren Lieblingsmenschen um uns herum, aber manchmal ist es gar nicht so leicht, sie zu erkennen.

Freunde sind bunte Schirme AN GRAUEN REGENTAGEN und manchmal kleine Flügel, DIE UNS HELFEN, über uns hinauszuwachsen.

Also was ist die klassische Definition von einem echten Freund? Tja, verzeiht mir, dass ich das jetzt schreiben muss, aber es gibt keine. Freundschaft ist sehr individuell. Jeder empfindet echte Freundschaft als etwas anderes, denn jedem von uns sind andere Dinge wichtig. Dir da mit dem Loch im Socken ist vielleicht wichtig, dass man mit Freunden Spaß haben kann. Ja, ja, ich spreche von dir! Dir mit den blonden Haaren ist wichtiger, dass man über alles reden kann. Und dir mit der riesigen Bücherwand im Zimmer ist wichtig, dass man zusammen auch mal schweigen kann.

So unterschiedlich wie unsere Wünsche an eine Freundschaft sind, so unterschiedlich sind wir selbst ja auch. Ich hatte zum Beispiel eine Freundin, mit der ich unheimlich gern Pläne geschmiedet und geträumt habe. Wir haben uns immer wieder überlegt, wie unser Leben mal aussehen soll und wie wir das erreichen können. Diese Träumereien mit ihr habe ich wahnsinnig genossen. Eine andere Freundin wiederum hatte die besten Tipps für mich in schwierigen Situationen und wieder eine andere war meine liebste Begleitung zum Tanzengehen.

Freundschaften können auch unterschiedlich intensiv sein. Ich habe irgendwann gemerkt, dass es für mich einen Unterschied zwischen Schönwetterfreunden und Herzensmenschen gibt. Schönwetterfreunde sind für mich Menschen, die man gern um sich hat, die einem gute Laune bereiten. Wenn man sich mit ihnen getroffen hat, fühlt man sich richtig wohl. Sie kriegen die Gute-Laune-Version von einem selbst und zeigen auch nur ihre beste Seite. Aber man ruft sie nicht an, wenn es einem richtig schlecht geht. Man lässt sie bis auf ein paar Meter an sich ran, öffnet sich ihnen aber nie so ganz. Das tut man nicht, weil man gemein ist. Entweder vertraut man demjenigen nicht, weil er oder sie in der Vergangenheit Dinge getan hat, die man nicht gut findet, oder man merkt, dass er doch ganz anders ist als man selbst. Schönwetterfreunde kommen blitzschnell in unser Leben, machen es bunt und aufregend, und wenn sie wieder verschwinden, fällt es uns oft gar nicht auf.

Herzensmenschen SIND UNSER ANKER, unser Sicherheitsnetz UND UNSER SPIEGEL.

Herzensmenschen sind da eine ganz andere Kategorie. Sie sind all das, was ein Schönwetterfreund ist, *und* sie sind uns unheimlich nah. Sie kennen uns ganz genau, manchmal sogar besser als wir uns selbst, wissen um unsere tiefsten Geheimnisse und sehnlichsten Wünsche. Sie sind unser Anker, unser Sicherheitsnetz und unser Spiegel. Solche Freunde feiern mit uns die guten Zeiten, freuen sich über unsere Erfolge, feuern uns an und unterstützen auch unsere vollkommen verrückten

Ideen. Viele von uns wünschen sich jemanden, der uns versteht und genauso liebt, wie wir sind mit allen guten und vor allem auch schlechten Eigenschaften – schüttelt nicht den Kopf, wir haben sie alle!

Ich zum Beispiel bin wahnsinnig gut darin, mir zu viele Gedanken zu machen, und bewerte vieles über. Das sind solche kleinen Macken, die manche Menschen an uns fürchterlich finden, die ein Herzensmensch aber gut akzeptieren kann und manchmal sogar gernhat. Freunde rücken uns aber auch im richtigen Moment den Kopf zurecht, wenn sie sehen, dass wir uns nicht guttun. Sie sagen uns, wenn wir Fehler machen oder uns in etwas verrennen. Es ist unheimlich wichtig, Menschen in seinem Leben zu haben, die einen so lieben, wie man ist, die aber keine Angst davor haben, Kritik zu äußern. Menschen, die uns ab und zu mal den Spiegel vorhalten. Denn sonst schmort man im eigenen Saft, macht immer wieder die gleichen Fehler und entwickelt sich nicht weiter. Gute Freunde sind für einen da, wenn es mal schwierig ist, und bringen immer wieder das Beste von uns zum Vorschein. Vielleicht weil wir gern unsere beste Seite zeigen, wenn wir mit ihnen zusammen sind. Ein Freund kann verzeihen und einem Freund wird verziehen.

Was wir bei all diesen Idealmerkmalen eines Freundes aber nicht vergessen dürfen, ist, dass auch beste Freunde keine Superhelden sind. Auch sie sind nur ganz normale Menschen, haben Fehler und Macken und werden in manchen Situationen unsicher, weil sie sich vielleicht überfordert fühlen. Das kann dazu führen, dass sie sich mal falsch verhalten.

Schaut nur euch selbst an! Gibt es nicht auch Tage, an denen ihr einfach mies drauf seid? Macht euch das gleich zu schlechten Freunden? Manchmal wird vielleicht etwas gesagt, was uns verletzt und traurig macht, oder es ist für eine Weile mal nicht so viel Zeit füreinander. Was in diesen Situationen einen Herzensmenschen von einem Schönwetterfreund unterscheidet, ist, dass es ihm oder ihr wichtig ist, was ihr empfindet. Wenn ihr zu Freunden sagt, dass euch verletzt hat, was sie gesagt oder getan haben, hören sie euch zu und reagieren darauf. Sie entschuldigen sich, weil es ihnen ehrlich leidtut, und dann kann man einfach weiter befreundet sein. Manchmal dauert es auch ein bisschen, bis ihnen klar wird, was ihr Verhalten in euch ausgelöst hat. Elsa hat einen ganzen Film gebraucht, um zu verstehen, dass Anna ihr eine wahre Freundin ist. Es ist vollkommen okay, mal Fehler zu machen oder was Unüberlegtes zu sagen. Wichtig ist nur, wie man danach damit umgeht.

GRL GNG

Die Glücksformel zum Freundefinden

Freunde zu finden ist eigentlich gar nicht schwer. Die richtigen zu finden allerdings sehr. Wir begegnen täglich so vielen Menschen und damit potenziellen Freunden: in der Schule, bei unseren Hobbys oder ganz in der Nähe von zu Hause. Aber nicht immer sehen wir es auf den ersten Blick.

Diese besonderen Menschen sind aber schwer zu finden, wenn wir versuchen, von möglichst vielen Menschen gemocht zu werden. Kennt ihr das? Den Wunsch, dass alle um einen herum einen gut finden sollen? Gar nicht, weil man sich selbst für so super hält, aber vielleicht, weil man Harmonie will. Das ist ein schöner Gedanke, den ich definitiv auch mal hatte, doch er ist leider nicht realistisch. Nicht jeder Mensch wird euch so mögen, wie ihr seid, und das ist okay. Ihr könnt ja auch nicht jeden leiden, oder? Deshalb ist es umso wichtiger, sich selbst zu akzeptieren, aber das haben wir ja schon in einem vorherigen Kapitel geklärt. Wenn wir uns von diesem Gedanken lösen können, ist es leichter, uns richtig umzusehen und nach den Menschen zu suchen, die wirkliche Freunde und – wenn wir Glück haben – auch Herzensmenschen werden können.

Aber wonach muss man Ausschau halten? Leider kann man sie nicht an einem tollen Outfit oder bunten Haaren oder geheimen Zeichen auf der Stirn erkennen. Mann, das würde einiges leichter machen! Freunde sind nicht zwangsläufig die Menschen, die wir hübsch oder besonders finden. Es können auch genau die sein, die uns erst auf den zweiten Blick auffallen. Denn was zählt, ist nicht das Äußere, sondern das Herz des Menschen. Jemand mit einem coolen Shirt, aber einem egoistischen Verhalten ist niemals ein besserer Freund als jemand mit einem langweiligen Shirt, aber dem größten Herzen der Welt. Eigentlich logisch, aber manchmal vergisst man das.

WAS ZÄHLT, IST NUR
das Herz.

Ich habe neben der Schule viel auf der Theaterbühne gestanden und bin dort den unterschiedlichsten Menschen begegnet: unscheinbare Herzensmenschen, bunte, auffällige Vögel, cholerische kleine Zwerge. In so einer Umgebung lernt man schnell, dass man nie vorher weiß, was für ein Mensch sich hinter der Fassade versteckt. Meine liebe Freundin Irmel, die inzwischen schon ein Stern ist, hat mal zu mir gesagt: »Was zählt, ist nur das Herz.« Das ist so wahr, daran halte ich mich bis heute und es hat schon sehr oft dafür gesorgt, dass ich besondere Menschen in mein Leben lassen konnte.

Für mich war es früher leider sehr schwer festzustellen, was einen guten Freund ausmacht, was nicht und von welchen Menschen man sich lieber fernhalten sollte – sehr viel Abstand! Wir sprechen von einem Abstand wie zwischen Nord- und Südpol. Ich habe gemerkt, dass man das sehr gut in Momenten sieht, in denen es einem nicht gut geht. Niemand ist gern unglücklich oder hat eine Pechsträhne, aber das sind perfekte Gelegenheiten, um zu erkennen, wer wirklich ein Herzensmensch ist. Sie bleiben auch dann an unserer Seite und

POW

nehmen unsere Hand, wenn wir nicht darum gebeten haben. Sie sind nicht perfekt oder genau wie wir selbst, aber sie sind da, wenn wir sie brauchen. Sucht nach jemandem, den ihr mögt und der euch mag, ganz genau so, wie ihr seid. Jemanden, der Spaß daran hat, mit euch Zeit zu verbringen, und vor allem jemanden, dem ihr vertraut. Wenn ihr auch nur einen einzigen Herzensmenschen gefunden habt, könnt ihr euch sehr glücklich schätzen, denn einer von ihnen ist mehr wert als hundert Schönwetterfreunde.

Was kann man also tun, wenn man so einen Menschen gefunden hat? Wie wird ein Bekannter zu einem Freund? Los geht's bei uns selbst. Wir müssen bereit sein, diesem Menschen Platz in unserem Leben und in unserem Herzen zu machen. Für manche von uns ist das unheimlich leicht, wenn wir erst mal den richtigen Menschen getroffen haben. Für andere ist dieser Schritt am schwierigsten und manchmal scheitern wir daran.

Geht euch das so? Dann hört mal in euch rein und überlegt ganz in Ruhe, warum das so sein könnte. Liegt es an dem potenziellen Freund, der vielleicht doch nicht so zu euch passt, wie ihr es euch gewünscht habt? Oder habt ihr einen kleinen Angstknoten im Kopf? Dieser Knoten, der einen an das Gefühl erinnert, verletzt zu werden. Manchmal wenn man die ein oder andere Enttäuschung erlebt oder Leute getroffen hat, die es nicht gut mit einem gemeint haben, tendiert man dazu, generell das Vertrauen in Menschen zu verlieren. Das sorgt dafür, dass man Stück für Stück sein Herz verschließt und niemanden mehr reinlässt. Auch

wenn das für andere von außen natürlich nicht sichtbar ist, ist es spür-
bar. Ihr habt zwar kein Schild auf der Stirn, auf dem in Leuchtschrift steht
»Ich vertraue niemandem mehr«, aber die Art, wie ihr Menschen
gegenübertretet, lässt sie dieses Schild sehr wohl spüren.

Wenn dann jemand auf euch zukommt und euch kennenlernen will,
merkt er sehr schnell, dass er eigentlich vor eurer kleinen Mauer stehen
bleibt. Sehr wenige Menschen haben ihr Kletterwerkzeug dabei und sind
bereit, über so eine Mauer zu steigen, denn sie wissen nicht, was sie auf
der anderen Seite erwartet. Also ziehen sich die meisten dann einfach
wieder zurück. Gerade wenn man sowieso schon der Meinung ist, dass
nur wenige Menschen sich wirklich für einen interessieren, fühlt man
sich mal wieder bestätigt: »Siehst du, niemand ist bereit, über meine
Mauer zu klettern – wusste ich es doch! Es gibt keine echten Freunde.«

Die Frage ist, wie ihr euch in so einer Situation verhalten würdet. Seid
jetzt ganz ehrlich zu euch selbst: Wenn ihr jemandem begegnet, der euch
leise das Gefühl vermittelt, er vertraut euch nicht, oder ihr seid es nicht
wert, dass er sich euch gegenüber öffnet, hättet ihr Lust, über die Mauer zu klettern? Würdet ihr das Risiko eingehen, viel Zeit und Kraft
darin zu investieren, jemanden zu knacken, der am Ende doch nicht
mit euch befreundet sein will? Wahrscheinlich nicht. Ich verstehe und
kenne die Frustration und das Gefühl sehr gut, dass man einfach keine
Lust mehr hat, enttäuscht zu werden, aber ist es nicht unfair, alle Menschen abzustempeln, nur weil sich ein paar danebenbenommen haben?

Angenommen, ich habe drei Freunde und sie alle kommen ständig zu spät, ist dann sinnvoll zu denken, dass sich alle Menschen immerzu verspäten?

Wenn ihr bisher wirklich nur Pech mit Freunden hattet, fragt euch mal, warum? Sucht ihr euch eure Freunde vielleicht nach einem bestimmten Muster aus? Ein lieber Mensch in meinem Leben hat ein unheimliches Bedürfnis danach, anderen zu helfen. Wenn er also jemanden kennenlernt, den er mag, bietet er sofort seine Hilfe an. Damit zieht er meistens aber Menschen an, die vor allem gut darin sind zu nehmen und das Geben nicht so gut draufhaben. Irgendwann kommt dann der Punkt bei meinem lieben Freund, an dem ihm klar wird, dass diese Freundschaft sehr einseitig und nicht das ist, was er sich erhofft hatte. Also zieht er sich zurück und ist immer wieder schockiert, dass der vermeintliche Freund nicht mal um ihn kämpft. Nachdem ihm das jetzt einige Male so ergangen ist, ist er sich sicher, dass alle Menschen so sind. Er merkt nicht, dass er selbst der Grund ist, warum ausgerechnet solche Menschen immer wieder in sein Leben treten. Manchmal ist es also eine gute Idee, sich zu überlegen, warum manche Dinge nicht funktionieren, und nicht gleich aufzugeben.

Da draußen gibt es so viele Menschen, die ganz anders sind als ihr oder euch gruselig ähnlich sind. Potenzielle Freunde können Eigenschaften oder Talente haben, die ihr nicht habt. Sie können älter oder jünger sein. Sie können einer anderen Kultur angehören. Wichtig ist ihr Herz und

Menschen mit einem guten Herzen findet ihr überall. Klar können wir dann auch auf die Nase fallen und an Menschen geraten, die uns nicht guttun, aber auch das ist eigentlich hilfreich. Jedes Mal wenn wir verstehen, dass wir gerade keinen Freund vor uns haben, lernen wir dazu.

Mit der Zeit können wir immer besser beurteilen, was uns in Freundschaften wichtig ist. Je besser wir uns selbst kennen, desto besser können wir uns einschätzen, und wissen irgendwann sehr schnell, wem wir ruhigen Gewissens vertrauen können und bei wem wir lieber das Weite suchen. Das ist leider nichts, was man durch Bücher, das Internet oder in reiner Theorie lernen kann. Das kriegen wir nur durchs Ausprobieren raus. Ein bisschen wie auf Bäume klettern. Wenn wir unten stehen und nur überlegen, wie wir wohl an die Baumspitze kommen, schaffen wir es nie rauf. Einfach klettern, sich hier und da kleine Schrammen holen und am Ende können wir einen grandiosen Ausblick genießen.

Wenn wir uns also trauen wollen, heißt es, den ersten Schritt zu machen. Ja, richtig gelesen, *ihr* müsst den ersten Schritt machen. Wir können nicht erwarten, dass jemand auf uns zukommt. Wenn uns jemand sympathisch ist und wir gern Zeit mit ihm verbringen wollen, müssen wir ihn oder sie das wissen lassen. Schließlich können die wenigsten von uns Gedanken lesen. Zeigt Interesse. Stellt Fragen. Und dann hört wirklich zu. Das ist eines der größten Geschenke, die ihr einem Freund machen könnt: zuhören.

Irgendwann
läuft es wie von selbst
und dann hat man so einen
Herzensmenschen
IN SEINEM LEBEN.

Wenn der erste Schritt getan ist, wie geht's dann weiter? Wir müssen ein bisschen Arbeit reinstecken. Wie bei einer Pflanze. Wir müssen sie pflegen und uns um sie kümmern, damit sie wachsen und stark werden kann. Überlegt euch, was ihr zusammen unternehmen könntet, ladet ihn oder sie zu euch nach Hause ein, macht zusammen ein bisschen Unsinn oder Hausaufgaben. Ich bin mit Freunden immer gern in die Stadt oder ins Kino gegangen oder war mit ihnen bei mir im Zimmer zum Quatschen. Gemeinsame Erlebnisse sind das, was uns zusammenschweißt. Und dann läuft es irgendwann wie von selbst, und bevor man es realisiert, hat man so einen Herzensmenschen in seinem Leben.

Freundschaft kostet auch Kraft. Es ist nichts, was einfach bleibt, sondern man muss sich darum kümmern wollen. Es ist wichtig zu wissen, wann die beste Freundin eine schwierige Prüfung und wann der beste

Freund Geburtstag hat. Sich Gedanken um die Menschen zu machen, die man liebt, ist nicht nur für sie wertvoll. Man bekommt diesen Aufwand doppelt und dreifach zurück, indem ein Freund das Gleiche für einen selbst tut. In solchen Momenten spürt man, dass man geliebt wird, nicht allein ist und jemanden an seiner Seite hat, der mit einem durchs Leben geht – und das ist unbezahlbar.

Denkt dran, dass es bei alldem nicht darum geht, perfekt zu sein oder sich nie zu streiten. Es geht um Vertrauen, Ehrlichkeit und Verzeihen. Das macht eine gute Freundschaft aus.

Wie geht streiten?

Streit fällt schwer. Nicht nur euch, sondern uns allen. Streit macht keinen Spaß, ist unangenehm und sorgt manchmal für richtiges Gefühlsunwetter. Es ist ein bisschen wie ein unangenehmer Endgegner in einem Videospiel. Man hat absolut keine Lust, sich ihm zu stellen, ist aufgeregt und emotional, aber danach fühlt man sich großartig. Glaubt mir, das verändert sich auch nicht, wenn man älter wird.

Auch in den besten Freundschaften kann es vorkommen, dass man sich mal nicht so toll findet. Vielleicht weil wir zu viel Zeit miteinander verbracht haben oder weil ein Freund etwas gesagt oder getan hat, was uns verletzt hat. Ist er dann automatisch ein schlechter Freund? Nein.

Natürlich ist es nicht schön, wenn ein Freund einen verletzt oder traurig macht, aber wir haben ja schon festgestellt, dass auch Freunde nur ganz normale Menschen sind. Wie wir sind sie nicht perfekt und machen Fehler, ohne es zu merken. Unsere Aufgabe ist dann, das anzusprechen, und genau da liegt für viele von uns ein Problem. Oft trauen wir uns nicht, weil wir Bammel vor der Reaktion des anderen haben, und sagen gar nichts. Das Problem ist, dass auch der allerbeste, liebste Freund kein Superheld ist, der immer eine Rüstung für euch und eure Gefühle dabeihat. Also kann das, was euch so verletzt, immer wieder passieren, ohne dass euer Freund realisiert, wie unglücklich es euch macht.

»Aber ein Freund muss mir doch anmerken, dass es mir deshalb schlecht geht.« Halt. Stopp! Genau das meinte ich. Okay, wie erkläre ich das am besten? Ich bin mit einer großen Empathie aufgewachsen, das bedeutet, dass ich mich ziemlich gut in andere hineinversetzen kann und schnell kleine Unterschiede in ihrem Verhalten spüre. Ich merke, wenn es meinen Herzensmenschen nicht gut geht, und kann schnell darauf reagieren. Aber ich bin ziemlich mies, wenn es um Zahlen geht. An dieser Stelle liebe Grüße an meinen armen Mathelehrer, der fast den Verstand verloren hätte mit mir. Hi!

Was das mit Freundschaft und Streit zu tun hat? Ganz einfach. Jeder von uns kann einige Dinge im Leben überhaupt nicht und andere Dinge richtig gut. Oft merken wir aber gar nicht, dass das, was wir so gut können, eine Stärke ist, weil es uns sehr leichtfällt. Und noch viel öfter denken wir dann, wenn das so einfach ist, kann es wahrscheinlich jeder gut. Das ist aber nicht so. Also, wenn ihr jemand seid, der wie ich ziemlich emphatisch ist und Menschen ganz leicht versteht, heißt das nicht, dass euer Freund/eure Freundin das auch gut kann. Das macht ihn oder sie aber nicht zu einem schlechten Menschen, sondern eher zu einem Menschen, der eine kleine Info braucht, wenn euch was stört.

Denn sonst merkt ihr immer wieder, dass euch Dinge in der Freundschaft unglücklich machen, ihr fresst es in euch hinein, bis es nicht mehr geht, und dann gibt es irgendwann einen riesigen Knall. Viel besser ist es, Probleme direkt anzusprechen. Es gibt auch Freundschaften, in denen nie gestritten wird. Natürlich kann so was auch funktionieren. Seid ihr in so einer harmonischen Freundschaft? Dann prüft ab und zu mal genau, ob sie wirklich so harmonisch ist oder ob ihr euch vielleicht nicht traut zu streiten. Wenn wir jemanden besonders gern haben, ertragen wir manchmal Dinge, die uns nicht guttun, aus lauter Angst, den anderen zu verlieren. Solange wir uns damit wohlfühlen, ist alles okay. Aber wenn ihr merkt, dass es euch unglücklich macht, solltet ihr etwas verändern.

Viele von uns meiden solche Gespräche, weil sie Angst haben, dass daraus ein Streit wird und damit die Freundschaft beendet ist. Ist keine Schande, das habe ich auch lange gedacht. Fakt ist aber, dass meine engsten Freundschaften die sind, in denen wir uns ab und zu mal die Meinung geigen. Es sind die, in denen zum Beispiel meine Freundin mich anruft und liebevoll, aber bestimmt sagt, dass sie mich gern wieder öfter sehen würde. Gerade diese Momente schweißen Freunde zusammen. Denn wir alle wissen, wenn jemand sich die Zeit nimmt und sich in so eine unangenehme Aussprache begibt, ist ihm die Freundschaft wichtig. Er oder sie stellt nicht einfach fest, dass etwas blöd an uns oder einer Situation ist, und zieht sich zurück. Aber wie zum Henker führt man denn solche Gespräche und wie geht man mit Streit um? Passt auf, es gibt ein paar Geheimtipps.

Das Wichtigste ist der richtige Zeitpunkt. Brecht so etwas nicht spontan übers Knie, wenn ihr gerade richtig wütend seid, sondern beruhigt euch und überlegt genau, was euch eigentlich an der Situation so auf die Palme bringt. Zu Schulzeiten hatte ich zum Beispiel seit der 5. Klasse eine gute Freundin. Wir haben sehr viel Zeit miteinander verbracht, bis irgendwann ein neues Mädchen in die Klasse kam. Meine Freundin und die Neue haben sich sofort sehr gut verstanden und Stück für Stück haben wir uns immer weniger gesehen, weil sie sich eben auch mit der anderen getroffen hat. Mich hat das unendlich wütend gemacht und jedes Mal wenn sie gesagt hat, sie könne an einem Tag nicht, weil sie schon verabredet war, habe ich innerlich gebrannt.

Als ich dann aber darüber nachgedacht habe, was mich überhaupt so rasend macht, habe ich festgestellt, dass ich eigentlich gar nicht wirklich wütend auf *sie* bin. Schließlich kann sie mehr als eine Freundin haben und ich bin ja auch froh, wenn sie glücklich ist. Ich war vielmehr traurig, weil ich dachte, ich bin ihr nichts mehr wert. Als ich mich endlich überwunden habe, das anzusprechen, war sie vollkommen überrascht und hat mir deutlich klargemacht, wie wichtig ich für sie bin. Sehr schnell danach waren wir drei(!) ein richtig gutes Team, haben die besten Zeiten miteinander verbracht und ich war der glücklichste Mensch der Welt. Es hilft also, erst mal zu überlegen, was in uns selbst los ist, damit wir es unseren Freunden auch wirklich verständlich erklären können.

Natürlich ist es auch hilfreich, wenn man sich einen ruhigen Moment für so ein Gespräch sucht. Zwischen Tür und Angel in der Pause hat man wahrscheinlich keine Ruhe, um ehrlich miteinander zu sein. »Ach, was ich dir noch sagen wollte, du hast mich neulich echt verletzt.« Ding. Dong. Versteht ihr, was ich meine? Niemand sollte sich einmischen können (glaubt mir, das macht alles nur schlimmer) und ihr solltet wirklich entspannt über alles reden können.

Wenn ihr dann sagen wollt, was euch stört, versucht nicht, euer Gegenüber mit Vorwürfen zu bombardieren, sondern mehr darüber zu sprechen, wie *ihr* euch fühlt. Das geht ganz gut, wenn man seine Sätze mit wenig »du« und sehr viel »ich« formuliert. Also nicht: »Du hast mich verletzt, als du xy gemacht hast.« Sondern eher: »Ich war verletzt, als xy passiert ist.« Dadurch fühlt sich euer Freund/eure Freundin nicht angegriffen und ihr könnt neutral über das Problem diskutieren. Es hilft übrigens auch sehr, wenn ihr nicht verallgemeinert, also nicht so was sagt wie »Immer machst du xy!« oder »Nie hörst du zu!«. Da hat euer Herzensmensch keine Chance zu reagieren. Benutzt konkrete Beispiele. Wann war die Situation, die euch verletzt hat? Was stört euch, wann genau?

#BFF

Wenn ihr all das losgeworden seid, was euch so lange schon auf dem Herzen lag, kommt der nächste wichtige Schritt: zuhören. Was hat euer Freund zu dem Ganzen zu sagen? Wie fühlt er oder sie sich? Sehr oft stellt man an dieser Stelle schon fest, dass alles halb so wild ist. Der letzte Schritt ist dann eine Lösung oder einen Kompromiss zu finden. Beratet genau, wie ihr euch in Zukunft in solchen Situationen verhalten wollt. Was ist euch beiden wichtig und wie könnt ihr vermeiden, dass einer von euch verletzt wird? Wird jemand mehr Rücksicht nehmen oder schneller etwas sagen? Wird mehr Freundschaftszeit eingeplant oder muss man an der ein oder anderen Stelle aufeinander zugehen? Am Ende habt ihr bestimmt eine Lösung gefunden, die euch beide glücklich macht, und eure Freundschaft ist enger denn je. So unangenehm und drückend das Gefühl vorher war, so leicht und locker werdet ihr euch danach fühlen.

Wenn Freundschaft sich verändert

Sosehr wie gute, gesunde Freundschaften glücklich machen können, sosehr kann es auch verletzen, wenn sie in die Brüche gehen. Je nachdem, wie man tickt und wie intensiv die Freundschaft war, fällt einem so ein Ende ziemlich schwer oder man kann es leicht akzeptieren und mit seinem Leben weitermachen. Für viele von uns ist eine verlorene Freundschaft aber mindestens ebenso schmerzhaft wie das Ende einer Liebesbeziehung. Es sind die gleichen Symptome: Immer wieder an den anderen denken und sich fragen, ob er oder sie sich überhaupt noch Gedanken um einen macht. Wütend und traurig zugleich sein. Ab und zu mal auf den Social-Media-Kanälen checken, was er oder sie gerade treibt … mal so nebenbei. Tut das nicht, das macht alles nur schlimmer! Aber wie kann man am besten mit so was umgehen?

Ich habe an mir selbst beobachtet, dass ich sehr leicht verletzbar bin, und habe mir deshalb einen kleinen Schutzmechanismus über die letzten Jahre angeeignet. Ich lasse Menschen sehr gern sehr schnell an mich ran, verbringe Zeit mit ihnen, lerne sie kennen, aber nur ganz wenige lasse ich wirklich zu Herzensmenschen werden. Das sind die Menschen, bei denen ich über einen längeren Zeitraum spüre, dass wir zusammenpassen und sie ein gutes Herz haben. Es gibt da keine Regeln, wie lange jemand in meinem Leben sein muss, damit ich wirklich »aufmache« – ich tue es einfach irgendwann. Dann zeige ich auch meine verletzliche Seite und so wird ein Freund zu einem Herzensmenschen. Es gibt dafür keinen Orden oder ein Gespräch. Das passiert ganz heimlich in mir drin und nur ich merke es.

Wenn ich Menschen einmal in mein Herz gelassen habe, fällt es mir sehr schwer, sie wieder gehen zu lassen. Daher sind Freundschaften, die zu Bruch gehen, für mich eine kleine Katastrophe. Doch das ändert nichts daran, dass das einem im Leben häufiger passieren wird. Freundschaften bleiben nicht immer gleich, so wie wir nicht immer die gleichen Menschen bleiben. Wir verändern uns, wir entwickeln uns weiter, wir wachsen (nicht nur in die Höhe, sondern auch im Kopf), wir fangen an, uns und unsere Wünsche zu verstehen, und manchmal ist eine Freundschaft plötzlich nicht mehr das, was sie mal war. Das kann man nicht verhindern. Wir können nur lernen, damit umzugehen.

Freundschaften können auf verschiedene Weise zu Ende gehen. Entweder spürt man selbst, dass es sich nicht mehr gut anfühlt, in dieser Freundschaft zu sein, und zieht sich zurück. Oder man hat einen fiesen, großen Streit, der dem Ganzen sehr plötzlich ein Ende setzt. Ich weiß nicht, wie es euch geht, aber für mich ist es am schlimmsten, wenn eine Freundschaft ganz still und leise auseinandergeht. Wenn man merkt, dass der andere Stück für Stück die Freundschaft loslässt. Wenn uns der Freund noch wichtig ist, fangen wir an zu kämpfen, mehr zu geben, als wir eigentlich können, und müssen meistens trotzdem zusehen, wie der andere sich immer mehr entfernt. Natürlich muss man an der Stelle zwischen einer stressigen Phase unterscheiden können, in der er oder sie vielleicht gerade wirklich keine Zeit hat und sich weniger meldet, ohne dass es böse gemeint ist, und einem wirklichen Loslassen der Freundschaft.

Das ist gar nicht so leicht. Gut ist es, einen Freund anzusprechen und ihm einfach zu sagen, was man empfindet und wie sehr er einem fehlt. Wenn man es geschickt anstellt, kriegt man das hin, ohne Vorwürfe zu machen und vielmehr darüber zu sprechen, wie es einem gerade in der Situation geht. Herzensmenschen, denen die Freundschaft zu euch wichtig ist, werden ihr Verhalten ändern und sich bemühen, denn sie wollen nicht, dass ihr unglücklich seid. Und wenn sie es nicht gerade in dem Moment verbessern können, weil eine große Prüfung ansteht oder so was, dann spätestens, wenn die geschafft ist. Menschen, die euch eigentlich gar nicht mehr in ihrem Leben haben wollen, werden euch vielleicht sogar versprechen, etwas zu verändern, es aber nie tun. Oft erkennt man die wahren Absichten von Menschen nicht an dem, was sie sagen, sondern an dem, was sie tun.

In der Schulzeit ist es, glaube ich, normal, dass Freundschaften kommen und gehen und sich immer wieder wandeln, einfach weil man sich selbst ja auch immerzu verändert, und das ist eine gute Sache. Niemand will auf der Stelle treten und für immer gleich bleiben – ich zumindest nicht. Ich will lernen, so viel ich kann, und immer wieder meine Prinzipien über den Haufen werfen und mich weiterentwickeln, damit ich das Leben und auch mich selber immer besser verstehen kann.

Überlegt mal, was ihr vor einem Jahr noch für ein Mensch wart. Wahrscheinlich werdet ihr jetzt ein bisschen schmunzeln und heimlich denken. »Ach, da war ich ja noch ein Kind.« Aber soll ich euch was verraten? Dasselbe werdet ihr auch wieder in einem Jahr über euch sagen. Ich weiß, jetzt klingt das komisch, aber glaubt mir, ich habe das alles schon erlebt. In der Schulzeit wird man fast ganz nebenbei vom Kind zum Erwachsenen. Man lernt unheimlich viele Dinge über das Leben, den Alltag, die Vergangenheit, die Zukunft und vor allem über sich selbst. Diese Erfahrungen, die wir machen, lassen uns zu den Menschen werden, die wir gerade sind.

Klar, wenn wir uns selbst so sehr entwickeln, tun das auch unsere Freunde. Manchmal machen sie unterschiedliche Erfahrungen und entwickeln sich unaufhaltsam in andere Richtungen. Das kann für einige Freundschaften sehr hilfreich sein, denn man kann seine Erkenntnisse, Einflüsse und sein Wissen miteinander teilen und gemeinsam daran wachsen. Andere Freundschaften können aber auch einen anderen Weg einschlagen. Dinge, die uns nie wichtig waren, haben plötzlich Priorität und nicht immer bleibt eine Freundschaft vom Anfang der Schulzeit bis zum Ende gleich. Das ist manchmal schmerzhaft, aber vielleicht hilft es zu wissen, dass das ganz normal ist.

Ab und zu sehen wir einen unserer Freunde an und merken, dass wir einfach nicht mehr so gut zusammenpassen. Wir machen uns nicht mehr glücklich, wir streiten über Kleinkram und irgendwie fühlt es sich an wie ein viel zu enger Pullover: einengend und sehr unangenehm. Was kann man in solchen Momenten tun? Am besten den Pullover ausziehen. Natürlich hängt man an seinem Freund und will ihn nicht verlieren, aber wenn beide dabei nicht mehr glücklich sind, hat niemand etwas davon.

Wenn ich meinem zwölfjährigen Ich einen Tipp geben könnte, wäre es, sich weniger Sorgen darüber zu machen, warum manche Freunde keine mehr sind, aber andere plötzlich. Ich hatte Menschen an meiner Seite, die

 # BFF mir wahnsinnig gutgetan haben und mit denen ich eine schöne Zeit verbringen durfte, und ich bin ihnen heute noch dankbar für all unsere gemeinsamen Erinnerungen und die Dinge, die ich durch sie gelernt habe. Irgendwann war dieser Lebensabschnitt aber zu Ende und ich bin ihnen genauso dankbar dafür, dass sie wieder aus meinem Leben verschwunden sind. Denn wenn man nicht mehr gut füreinander ist, hilft es nicht, sich an etwas zu klammern, was es nicht mehr gibt. An einer Freundschaft krampfhaft festzuhalten tut am Ende keinem von euch beiden gut, denn wenn man nicht mehr zusammenpasst, kann man kein guter Freund sein.

Das zu erkennen und zu akzeptieren gibt einem unheimlich viel Gelassenheit, Freundschaften so zu nehmen, wie sie sind. Einige sind gemacht, um zu bleiben, und andere nicht. Das Spannende ist, dass wir nie vorher wissen, was für eine Freundschaft es sein wird.

Hals
ÜBER
Kopf

Überall hört man davon – in Liedern, Filmen, auf dem Schulhof. Jeder spricht von diesem tollen Gefühl und den berühmten Schmetterlingen im Bauch. Aber was hat es mit der Liebe wirklich auf sich? Ist sie so toll, wie alle sagen? Wann verliebe ich mich endlich und woher weiß ich, dass ich bereit bin für den nächsten Schritt?

Die erste große Liebe

Beobachtet mal Leute, die Jahre später von ihrer ersten großen Liebe erzählen. Die meisten haben ein Lächeln auf den Lippen, ihre Augen strahlen ganz besonders und werden glasig, als würden sie alles genau so vor sich sehen, wie es Jahre zuvor war. Für fast alle Menschen ist es etwas ganz Besonderes, wenn sie zum ersten Mal dieses Gefühl empfinden. Irgendwie verändert sich alles und gleichzeitig nichts. Die Welt erscheint in einer anderen Farbe und Liebeslieder im Radio ergeben plötzlich Sinn. Man geht auf eine große Reise, fühlt sich, als ob man im selben Moment ankommt und sich zugleich ein bisschen verliert.

Meine erste Liebe kam völlig unerwartet für mich. Ich habe jahrelang meine Freunde und Freundinnen beobachtet, wie sich ihr Bauch mit Schmetterlingen gefüllt hat, und dachte irgendwann, dass ich das vielleicht einfach nicht kann, dieses *Verlieben*. Natürlich gab es immer wieder Jungs, die ich interessant fand und mit denen ich gerne Zeit verbracht habe, aber nie flog auch nur ein blöder Falter vorbei. Also habe ich mich auf mich selbst konzentriert und darauf, eine bessere Version von mir zu werden. Ich habe aufgehört, nach der Liebe zu suchen, auch wenn ich mich natürlich danach sehnte.

Bis zu diesem einen Tag. An einem schönen, warmen Spätsommerabend … das klingt jetzt schon wie ein schmalziger Liebesroman … saßen ein Freund und ich gemeinsam am Meer und neckten uns. Wir machten Witze über- und miteinander und irgendwann umarmte er mich. BÄM! Verliebt! Wirklich. Das ist kein Scherz. Ich wiederhole: Das ist kein Scherz! Er war etwas älter als ich und ich mochte ihn sehr. Wir hatten den gleichen Humor, dieselben Interessen. Ich verbrachte gern und viel Zeit mit ihm, aber ich hatte zuvor nicht wirklich Gefühle für ihn.

Doch dieser eine Moment veränderte alles. Diese eine Umarmung, sein Parfüm und seine Nähe hüllten mich ein und meine Augen konnten ihn nicht mehr so ansehen wie zuvor. Er war plötzlich kein Freund mehr, er hatte sich innerhalb von drei Minuten komplett gewandelt. Ich weiß noch genau, wie sehr mein Herz schlug, und dass ich Angst hatte, er könnte es hören. Seltsam, oder? Obwohl ich eigentlich nichts mehr wollte, als ihm um den Hals zu fallen und sofort zu gestehen, was da gerade passiert war, wollte ich es erst mal geheim halten. Ich vermute, dass viele genau diesen Zwiespalt kennen. Auch wenn ich mir damals sehr komisch vorkam, weiß ich heute, dass das ganz normal ist.

Wenn wir das erste Mal so etwas Intensives für jemanden empfinden, müssen wir zunächst mal selbst dieses Gefühl sortieren, um zu verstehen, was es bedeutet. Alles, was wir zum ersten Mal sehen, fühlen oder erleben, ist neu, und auch wenn es toll ist, kann es ein bisschen Angst machen. Dieses Wirrwarr von Kamikazeschmetterlingen verändert uns. Wir können uns nicht mehr so gut konzentrieren und fangen an, komische Dinge zu tun oder zu sagen, obwohl wir uns doch eigentlich von unserer allerbesten Seite zeigen wollen. So ein bisschen fühlt man sich wie Bambi auf Eis, das eine Pirouette übt. Was ist denn, wenn ich mich komplett danebenbenehme und er oder sie mich dann blöd findet?

Ich wollte in dieser Situation tausend Dinge sagen und dabei witzig und cool rüberkommen, stattdessen fing ich an, dümmlich zu lächeln und zu schweigen, während die Gedanken in meinem Kopf wie verzweifelte Cheerleader versuchten, mich aus der Reserve zu locken. Ich bin mir sicher, dass ich nie intelligenter ausgesehen habe. Obwohl ich sonst eher zu viel als zu wenig zu sagen habe, konnte ich in seiner Gegenwart kaum mehr herausbringen als einzelne, seltsam klingende Laute.

Ein perfektes Beispiel dafür war unser erstes Date. Ich habe ihn zu Hause besucht und konnte vor Aufregung kaum die Schuhe abstreifen. Schönes Bild. Glaubt mir. Ich kam mir vor wie ein Nilpferd im Glasladen, als ich wie ein Kindergartenkind an meinen Schuhen zerrte, die ich einfach in meiner Aufregung nicht richtig geöffnet hatte. Ich schwöre, ich kann Schuhe flüssig an- und ausziehen! Als ich in seinem Zimmer saß, fragte er, was ich gern trinken möchte: »Cola, Wasser, Tee, Kaffee, Milch …?« Der letzte Vorschlag war eher scherzhaft gemeint, aber in meiner Aufregung konnte ich den ironischen Unterton nicht hören. »Milch.« Meine Antwort verwirrte ihn sehr und er hatte Mühe, die Fassung zu bewahren: »Ähm. Okay. Ähm. Kalt oder warm?« – »Kalt!«

Nachdem ich meine Bestellung aufgegeben hatte, schrie ich mich in Gedanken selbst an: »Milch? Ernsthaft? Hättest du nicht um etwas Cooleres bitten können? Außerdem magst du kalte Milch doch gar nicht.« Die erste große Liebe macht manchmal einfach seltsame Dinge mit uns, und auch wenn ich heute drüber lachen kann, weiß ich noch genau, wie blöd und tollpatschig ich mich in seiner Gegenwart gefühlt habe. Trotz dieses katastrophalen Dates begann diese Liebe irgendwann, eine gemeinsame zu werden, und die Zeit war aufregend und wunderschön, irgendwie unecht.

Nicht jede erste Liebe ist dramatisch und intensiv, aber das macht sie nicht weniger besonders. So unterschiedlich, wie wir Menschen sind, so unterschiedlich sind auch unsere Gefühle. Es hängt davon ab, wie genau wir den anderen kennen, wie leicht wir uns öffnen können, wie gut das Verhältnis zu uns selbst ist und was wir vorher für Erfahrungen gemacht haben. Manche Menschen sind sich anfangs nicht sicher, ob das Gefühl jetzt wirklich Liebe ist – vielleicht weil sie es nur mit angezogener

Handbremse zulassen. Dann fängt es eher sanft an und wird allmählich immer intensiver. Das ist nicht schlecht, es ist nur anders.

DIE ERSTE
GROSSE LIEBE
macht manchmal seltsame Dinge mit uns.

Andere verlieben sich in Stars, die wahrscheinlich unerreichbar sind, und auch das hat seine Gründe. Sich in jemanden zu verknallen, den man nicht in seinem Alltag hat, ist ungefährlicher. Man kann sich mit dem Abstand ein bisschen auf das Gefühl einlassen, es ausprobieren, schauen, ob es passt und wie es einem steht. Viele stellen sich vor, wie romantisch es wäre, ihren Star mal zu treffen, ohne dabei Angst haben zu müssen, enttäuscht zu werden. Niemand kann sagen, wie die erste große Liebe genau sein wird, weil jeder sie anders empfindet, und niemand hat das Recht, die Gefühle eines anderen zu bewerten.

Meine erste große Liebe war rückblickend betrachtet eine kleine Katastrophe. Wir waren einfach nicht gut füreinander, und auch wenn ich das heute weiß, hätte ich mir das damals von niemandem sagen lassen. Bei der Liebe muss man seine eigenen Erfahrungen machen. Es gibt keine Anleitung, kein Konzept oder Regelwerk, an das man sich halten kann. Die erste große Liebe dauert nicht immer ein Leben lang, auch wenn sich das am Anfang so anfühlt. Es kann sein, muss aber nicht, und das ist okay. Es geht nicht darum, die perfekte Liebesfilmszene nachzuspielen und am Ende zu heiraten und gemeinsam alt zu werden. Wenn es passiert, wunderbar, wenn nicht, war es eine besondere Erfahrung. Und wenn ihr später davon erzählt, werden eure Augen glänzen.

Versucht, gut zu euch zu sein, und lasst das Gefühl zu, wenn es kommt. Vertraut darauf, dass da draußen jemand ist, der euch auch toll findet, wenn ihr kalte Milch bestellt, und euch selbst dann mag, wenn ihr vor Aufregung unfähig seid, eure Schuhe auszuziehen. Ich würde heute meinem 17-jährigen Ich zurufen, dass es einfach es selbst sein soll. Denn sich für jemanden zu verbiegen, macht auf Dauer sehr unglücklich. Ich würde mir sagen, wie wichtig es ist, ehrlich zu sein, und dass ich bei all meinem Gedankenchaos nicht vergessen darf, das Verliebtsein zu genießen. Aber ich glaube, ich würde mir nicht zuhören, und das ist gut so.

Heimlich verliebt

»Da ist er wieder. Verdammt sieht er gut aus! Oh Gott, er schaut rüber. Er guckt mich an. Was soll ich machen? Er lächelt. Soll ich zurücklächeln? … Ich muss weg.«

Kennt jemand von euch diese Situation? Pure Panik überkommt uns und wir denken nur: einfach weg. Wir suchen immer wieder seine oder ihre Nähe, genießen die kleinen Momente, aber verziehen uns, sobald es ernst wird, zurück in unseren Sicherheitsbereich. Nur um dann im Kopf jede Bewegung und jedes Wort immer wieder abzuspielen und auf jede mögliche Weise zu interpretieren: »Ja, der Blick war schon eindeutig, aber er hat *sie* ja auch so angeguckt. Oder?« »Ihre Hand hat mit Sicherheit nicht zufällig meine berührt. Aber ich glaub nicht, dass sie auf mich steht. Oder?«

Heimlich in jemanden verliebt zu sein, ist aufregend und ätzend zugleich. Einerseits fühlt man das Kribbeln und das schöne Gefühl im Bauch. Man beobachtet aus der Ferne, träumt, stellt sich romantische Situationen vor und lebt für eine Weile in seinen eigenen Gedanken. Andererseits spürt man diese komische Angst im Nacken. Aber woher kommt sie? Haben wir Angst, uns zu blamieren? Das ist nicht unwahrscheinlich, denn mit Faltern im Bauch denkt es sich sehr schlecht. Wir verhalten uns plötzlich ganz anders, sagen die beklopptesten Dinge und sind die Tollpatschigkeit in Person. Und da wir alle ja wissen, dass man sich nur in jemanden verlieben kann, wenn er perfekt ist, ist die Sorge, sich zu blamieren, riesig, oder?

Falsch. Kleine Fehler, seltsame Sätze und Stolperer können auch dazu führen, dass man jemandem gerade deshalb auffällt. Meine Eltern haben sich so kennengelernt. Mein Papa war ein cooler Typ und ziemlich beliebt bei den Mädels. Meine Mama fand ihn auch gut, aber das wusste niemand. Die beiden haben sich immer am Wochenende zufällig in der Disco getroffen. Einmal hatte meine Mami etwas ins Auge bekommen, und obwohl sich das echt fies entzündet hat, hielt sie es nicht zu Hause aus und ist trotzdem Tanzen gegangen. Als mein Papa sie bemerkte, war er geschockt. Die schöne Schwarzhaarige mit den Schokoaugen sah wirklich schlimm aus! Als er sie darauf ansprach, war es ihr so peinlich, dass sie es einfach runtergespielt hat und so tat, als wäre nichts. Mein Papi machte sich aber ordentlich Sorgen, denn wie eine normale Entzündung wirkte es nicht. »Mensch, du musst doch mit so was zum Arzt gehen!« Meine Mama konnte in ihrer Aufregung diese Aufmerksamkeit nicht ertragen, drehte sich um und rief ihm zu: »Ach, es gibt doch heutzutage auch schöne Glasaugen!« Ich muss euch wahrscheinlich nicht sagen, dass mein Papa etwas sprachlos zurückblieb, unsicher darüber, wie ernst sie das gerade gemeint hatte, und sich dachte: »Was ist denn das für eine Verrückte?«

Unter all den hübschen Mädels ist sie ihm im Kopf geblieben, weil sie einfach ein bisschen anders war und weil er wahrscheinlich gespannt war, ob sie eine Woche später wirklich mit einem Glasauge auftaucht. Tat sie nicht. Sie hat bis heute beide Schokoaugen und meine Eltern sind seit mindestens 80 Jahren glücklich verheiratet. Es geht also nicht darum, immer das Richtige zu sagen oder besonders cool zu sein, sondern einfach darum, man selbst zu sein. Natürlich könnt ihr auch in eine Rolle schlüpfen und jemanden spielen, den ihr cooler findet. Aber was macht ihr, wenn sich euer Schwarm dann in diese Rolle verliebt? Wollt ihr sie euer ganzes Leben lang spielen? Viel schöner ist es doch, jemanden zu finden, der euch genau so liebt, wie ihr seid: mit Glasauge oder ohne.

Ein anderer Grund dafür zu schweigen kann sein, dass man Angst hat, die Gefühle würden nicht erwidert. Ich würde euch anlügen, wenn ich euch sage, dass das nicht geschehen kann. Natürlich ist das möglich. Und soll ich euch noch was sagen? Das ist jedem mindestens schon einmal passiert. Ich mochte in der 7. Klasse einen Jungen sehr, der eine Klasse über mir war. Ich war nicht verliebt, auch wenn ich es damals dachte, doch ich fand ihn toll. Er war sportlich, witzig und sehr cool, aber er kam mir unerreichbar vor. Irgendwann habe ich es dann nicht mehr ausgehalten und ihm gesagt, dass ich Gefühle für ihn habe. Ich konnte sofort in seinem Blick sehen, dass es ihm nicht so ging, und wäre am liebsten im Boden versunken. Er erklärte mir, dass er mich mag, aber nur als Freundin. In dieser Sekunde strömten sämtliche Gefühle durch meinen Körper: Trauer, Angst, Wut. »Was für ein Arsch!«, dachte ich.

Wenn euch etwas UNGLÜCKLICH MACHT, tut etwas, verändert etwas, SAGT ETWAS.

Heute weiß ich, dass man Gefühle nicht erzwingen kann. Er konnte ja nichts dafür, dass er mich nur als Freundin mochte. So was entscheidet man nicht bewusst. Gefühle sind da oder eben nicht. Das habe ich erst Jahre später verstanden, als sich ein besonders toller Mann in mich verliebte. Er war gut aussehend, sehr lieb und superromantisch. Und er gab alles, um mir seine Liebe zu gestehen. Als ich morgens auf dem Weg zur Schule war und mit dem Fahrrad meine übliche Route nahm, stand auf dem Gehweg plötzlich mein Name. Darum war ein großes Herz aus Kreide gemalt und daneben geschrieben: »Ich liebe dich!« Und obwohl ich mich sehr darüber gefreut habe, ging es mir schlecht in diesem Moment. Ich wusste, ich mag ihn nur als Freund, obwohl er so gut zu mir passte. Also habe ich über Wochen krampfhaft versucht, mich in ihn zu verlieben, aber das funktionierte einfach nicht. Das hatte überhaupt nichts mit ihm zu tun. Im Gegenteil, er war perfekt: Wir hatten so viele Gemeinsamkeiten, konnten zusammen lachen und ich mochte seine Gegenwart – aber eben nur als Freund. Irgendwann musste ich es mir eingestehen und es ihm sagen. Das war hart, aber nach einer Weile ging es uns beiden damit besser und wir wurden wirklich gute Freunde.

Ich kann all diese Gründe, nichts zu sagen, also absolut verstehen. Man macht sich mit einem Geständnis definitiv verletzbar. Ich kenne das nur zu gut. Meiner ersten großen Liebe habe ich erst nach einer halben Ewigkeit meine Gefühle offenbart. Aber wisst ihr was? Das ist okay! Es ist okay, Angst zu haben und unsicher zu sein, denn das ist das erste Mal, dass ihr so was erlebt. Wie beim Laufenlernen werden die Schritte natürlich nicht sofort sicher und elegant sein. Vielmehr tapsen wir durch die Gegend, stolpern oder fallen hin. Wichtig ist dann nur, einfach wieder aufzustehen, auch wenn der Fall ordentlich wehgetan hat, und es weiter zu versuchen, bis ihr einen Marathon laufen könnt.

Wenn es sich erst mal besser anfühlt zu schweigen, weil ihr nicht verletzt werden wollt, dann bleibt still und genießt die Schmetterlinge für euch. Sobald ihr aber merkt, dass es euch unglücklich macht, dass der andere keine Ahnung hat, wie verknallt ihr seid, ertragt es nicht stumm. Das könnt ihr euch eigentlich für euer ganzes Leben merken: Wenn euch etwas unglücklich macht, tut etwas, verändert etwas, sagt etwas, aber bleibt niemals einfach sitzen und akzeptiert. Natürlich besteht die Gefahr, dass euer Schwarm eure Gefühle nicht erwidert und ihr verletzt werdet. Aber dann wisst ihr wenigstens, woran ihr seid. Ihr könnt aufhören zu hoffen, richtig trauern und danach werdet ihr merken, wie sich euer Herz wieder öffnet und Platz für jemanden macht, der euch genauso toll und besonders findet wie ihr ihn oder sie. Ich weiß, dass es sich gerade nicht so anfühlt, als wäre das möglich, aber glaubt mir. Ich habe es selbst erlebt.

Vielleicht werdet ihr aber auch überrascht und eure Liebe wird erwidert. Einfach so und ganz plötzlich steht euch der Mensch, in den ihr schon so lange verknallt seid, gegenüber und gesteht euch ganz erleichtert, dass es ihm oder ihr genauso geht. Dann beginnt etwas ganz Neues. Egal, wie es ausgeht, ihr werdet sehr viel klüger und stärker aus dieser Situation kommen und wieder etwas mehr über diese Liebe gelernt haben. Ihr werdet niemals herausfinden, was jemand für euch empfindet, wenn ihr in eurem Zimmer sitzen bleibt und jedes Szenario in eurem Kopf immer und immer wieder nur durchspielt. Ihr müsst etwas wagen, um einen Schritt weiterzukommen!

Wie geht Beziehung?

Diese Frage zu beantworten ist wie der Versuch, eine Pille für ewiges Leben zu erfinden. Wir Menschen sind alle sehr unterschiedlich. Wir wachsen in einem bestimmten Umfeld auf, das uns prägt und in dem wir lernen, was uns wichtig ist und was wir nicht in unserem Leben wollen. Wir mögen Bücher oder eben nicht, brauchen viele Menschen um uns, um glücklich zu sein, oder eben nicht. Wir haben alle verschiedene Ziele und Träume und eine Idee davon, was wir uns von einer Beziehung wünschen.

So unterschiedlich wir Menschen sind, so unterschiedlich sind auch Beziehungen. Ich kenne Paare, die jede mögliche Sekunde zusammen verbringen müssen und es kaum aushalten, ohne den anderen zu sein. Andere leben seit 40 Jahren in einem Haus, aber in zwei verschiedenen Wohnungen, weil sie sich auch mal in ihre vier Wände zurückziehen müssen. Wieder andere Paare sind ein richtiges Team und lieben gemeinsame Herausforderungen oder andere sehen sich nur einmal in der Woche, weil jeder sein eigenes Leben führen will. All das können glückliche Beziehungen sein, solange beide mit der Situation zufrieden sind.

Verdammt, es gibt also wieder kein Handbuch mit einer Checkliste? Leider nicht, aber eventuell habe ich gleich noch ein paar Tipps für euch. Ihr müsst aber zuerst mal in euch selbst hineinhören und entscheiden, wie eine Beziehung für euch aussehen soll. Auch auf die Gefahr hin, dass ihr gleich »Ach Mensch, Ella!« ruft, muss ich euch sagen, dass sich dieses Beziehungsbild auch im Laufe eures Lebens immer wieder verändern wird. Denn immer, wenn ihr etwas erlebt oder lernt und euch dadurch weiterentwickelt, wandelt sich auch ein bisschen euer Blick auf die Welt und die Liebe. Als ich in die Schule kam, war mein Bild von einer Partnerschaft stark geprägt von Onkel Disney und den Brüdern Grimm. Ich war sicher, dass eines Tages ein schöner Mann angeritten kommen würde, er mich mitnimmt und wir danach für immer glücklich durchs Leben tanzen.

SO UNTERSCHIEDLICH Menschen sind, so unterschiedlich sind auch Beziehungen.

Ihr könnt euch vorstellen, was für einen Realitätscheck ich bekommen habe, als die erste Beziehung auf mich einstürzte. Plötzlich saß da kein singender Prinz vor mir, der all meine Probleme löst, sondern ein ganz normaler Junge, der genauso wie ich Unsicherheiten hatte und auch mal meine Hilfe brauchte. Daran hatte die kleine verblendete Ella auf ihrer Wolke ganz schön zu knabbern. Obwohl diese Liebe nicht gut für uns beide war und wir uns nicht glücklich gemacht haben, konnte ich eine Menge daraus lernen: Was ich wirklich brauche, was ich geben kann und vor allem, dass es okay ist, wenn meine Bedürfnisse und Ansprüche anders sind als die meiner Familie oder meiner Freunde. Nach dieser ersten Erfahrung wusste ich, dass ich mich nie wieder wegen jemand anderem verlieren und meine Bedürfnisse hintenanstellen will.

Gerade als ich das sortiert hatte, kam ein gewisser Fritz in mein Leben und wieder ging das Ordnen und Lernen los. Vor allem am Anfang habe ich immer wieder gemerkt, wie unterschiedlich wir sind: Ich bin gern unter Menschen, für ihn ist das anstrengend. Ich mag es gern mal laut und bunt, er liebt die Ruhe. Für ihn war klar, dass er gern so viel Zeit wie möglich mit mir verbringen will, und auch wenn mir das ähnlich ging, brauchte ich zwischendurch Zeit für meine Freunde, Familie und mich. Am Anfang war das gar nicht so leicht für uns, denn für ihn fühlte es sich an, als ob ich mich von ihm zurückziehe, und für mich, als würde er mich erdrücken.

Da kam Lektion Nummer eins ins Spiel: Kommunikation. Auch wenn man sich gegenseitig wundervoll findet und das Gefühl hat, den anderen zu kennen, kann man niemals in ihn oder sie hineinschauen und Gedanken lesen. Der Schlüssel ist also, dass man dem anderen seine Gefühle erklärt, und zwar nicht erst, wenn das Blut schon kocht. Sobald ihr merkt, dass etwas vielleicht falsch verstanden wurde, sprecht mit eurem Partner und formuliert liebevoll, aber klar, was ihr euch wünscht, und fragt, was der andere möchte. Also in unserem Fall wäre es nicht so klug gewesen, Fritz' Gefühle einfach zu ignorieren und mein Ding durchzuziehen. Ich hätte mich blöd gefühlt und ihn immer wieder verletzt. Indem ich erklärt habe, warum mir etwas wichtig ist, und er mir, was er sich wünscht, konnten wir wirklich anfangen, aufeinander zuzugehen und einen Kompromiss zu finden. Als er verstanden hat, dass es mir nicht darum geht, von ihm wegzukommen, war das kein Problem mehr.

Sich so auszutauschen kann sehr beängstigend sein, gerade wenn man noch nicht viel Erfahrung damit gemacht hat. Aber mit der Zeit wird diese Kommunikation immer einfacher, und wenn man dann geübt ist, kann man auch wirklich komplizierte Situationen leicht lösen. Mit der Zeit haben Fritz und ich unsere Grenzen gegenseitig abgesteckt, verstanden, was jeder von uns braucht, und Kompromisse gefunden, mit denen wir beide glücklich sind.

Dann kam Lektion Nummer zwei: Die Regeln anderer Paare haben mit uns nichts zu tun. Manchmal glauben Menschen von außen, dass sie besser wissen, was uns guttut, als wir selbst. Das tun sie nicht, weil sie böse und arrogant sind, sondern weil sie noch nicht verstanden haben, dass ihre Werte und Wünsche nicht unsere sein müssen. Wir haben in unserer Beziehung gemerkt, dass es für uns beide okay ist, wenn Fritz nicht bei jeder Familienfeier dabei ist. Er fühlt sich nicht wohl in großen Gruppen, auch wenn er meine und seine Familie sehr gernhat. Also haben wir abgemacht, dass er zu Weihnachten und zu meinem

Geburtstag bei mir ist und ansonsten selbst entscheidet, was er machen möchte. Mal kommt er zum Beispiel zu Ostern mit zu meiner Familie, manchmal möchte er lieber allein zu Hause bleiben und ein anderes Mal besuchen wir gemeinsam seine Familie. Wir beide haben uns sehr schnell richtig gut mit der Lösung gefühlt, bis Menschen in unserem Umfeld angefangen haben, sie zu kritisieren.

»Da stimmt was nicht, wenn er nicht mit deiner Familie zusammen sein will.« – »Wie komisch, dass er an Feiertagen gern allein ist …« Und auch wenn ich sicher war, dass diese Bemerkungen eigentlich nichts mit uns zu tun haben, kamen in meinem Hinterkopf heimlich Zweifel auf. Haben sie vielleicht recht? Sind wir komisch? Aber je mehr ich darüber nachgedacht habe, desto mehr wurde mir klar, dass wir unsere eignen Regeln machen, und solange Fritz und ich mit unseren Entscheidungen glücklich sind, ist alles gut. Versucht, an dieser Stelle vor allem auf euren Partner und euch selbst zu hören, steckt eure eigenen Grenzen ab und entscheidet gemeinsam, was ihr euch für eure Beziehung wünscht.

Inzwischen sind Fritz und ich 13 Jahre zusammen und mit der Zeit merkt man immer mehr, worauf es einem ankommt. Wenn man feststellt, dass ein Problem auftaucht, findet man eine Lösung. Zu Schulzeiten hatten wir sehr viel mehr Freizeit als heute. Als wir also im Studium gemerkt haben, wie schnell es einem passiert, dass man vor lauter Stress die Zeit für den anderen hintenanstellt, haben wir Wege gefunden, die bis heute funktionieren. Für uns ist es im Alltag wichtig, dass wir uns kleine Inseln schaffen. Auch wenn es mal stressig wird, beschützen wir unsere gemeinsame Zeit wie zwei Löwen ihr Futter. Abends nehmen wir uns eine Stunde, um spazieren zu gehen und uns darüber auszutauschen, wie der Tag war, was uns beschäftigt und worauf wir uns freuen. Am Wochenende suchen wir uns immer eine Sache aus, die wir zusammen unternehmen können. Wir machen Ausflüge und erkunden die Stadt, wir veranstalten Handy-freie Filmeabende, kochen und genießen einfach die Zweisamkeit.

Witzig ist, dass sich über die letzten Jahre aber auch unsere gemeinsamen Werte und Grenzen immer wieder verändert haben. Das ist Lektion Nummer drei. Genauso wie man selbst nicht einfach aufhört, sich zu entwickeln, wandelt sich auch immer wieder die Beziehung. An der Stelle ein kurzes Yippie – ich bin so froh, dass ich mich seit meiner *Sailor Moon*- und *Diddl*-Phase sehr verändert habe. Heute sind unsere Prioritäten andere als früher. Versucht nicht, steif an Altem festzuhalten, sondern konzentriert euch immer auf das Jetzt und kommuniziert das mit eurem Partner. Was macht euch *jetzt* glücklich? Was tut euch *jetzt* gut? Legt eure eigenen Regeln fest und lasst euch von niemandem reinquatschen. Am Ende geht es um euch zwei und darum, dass *ihr* glücklich seid.

Wie weit darf ich gehen?

Ich weiß nicht, wie es euch geht, aber für mich hat sich diese Frage erst sehr spät gestellt. Wenn ihr also das Gefühl habt, dieses Thema interessiert euch noch nicht, macht euch keinen Kopf. Das ist vollkommen okay. Diese Seiten laufen euch nicht weg und ihr könnt gern darauf zurückkommen, wenn ihr mal Infos dazu braucht. Falls euch diese Frage aber im Kopf herumtanzt, habe ich ein paar Tipps für euch. Mit den Schmetterlingen, über die wir auf den letzten Seiten gesprochen haben, kommen oft noch andere Gefühle dazu.

Einen Menschen zu lieben, bedeutet oft – nicht immer – auch, ihm körperlich nah sein zu wollen. Aber woher weiß man, dass man bereit für den nächsten Schritt ist? Und ist es überhaupt wichtig, sich bereit zu fühlen? Klare Antwort: Ja, das ist sogar sehr wichtig. In meiner Klasse hatten die ersten Mädchen ihr erstes Mal mit 14. Einige waren absolut bereit für Sex und erzählten ihren Freundinnen danach, wie schön es war. Andere berichteten genau das Gegenteil: »Es hat einfach nur wehgetan. Schön war es überhaupt nicht. Ich weiß gar nicht, was das Ganze soll.« Manche spannten regelrechte Verschwörungstheorien, dass alle nur so tun würden, als wäre es etwas total Schönes.

Wisst ihr, was der Unterschied zwischen denen, die es gut fanden, und denen, die es gehasst haben, war? Die einen waren bereit für Sex, die anderen noch nicht.

Mich hat das Ganze lange gar nicht interessiert. Ich war glücklich in meiner Kinderwelt mit meinen Büchern und Spielen und fand Jungs erst mit 17 so richtig spannend. Eine meiner liebsten Freundinnen hat sich erst mit 24 bereit gefühlt und ihr werdet mir bestimmt zustimmen, dass zwischen 14 und 24 ein paar Jahre liegen. Das erste Mal kann eine wunderschöne Erfahrung sein, die alles ein bisschen auf den Kopf stellt, aber nur, wenn man dazu bereit ist. Setzt man sich unter Druck, weil es eben alle anderen auch tun, hat man mit Sicherheit keinen Spaß daran und vielleicht ist einem auch gar nicht die Verantwortung bewusst, die damit einhergeht. Wer sich vorher nicht richtig informiert, riskiert ungewollte Schwangerschaften, Geschlechtskrankheiten und emotionale Probleme. Beschützt euch also einfach selbst und hört gut in euch hinein. Habt ihr wirklich Lust auf diesen nächsten Schritt oder eher das Gefühl, ihr solltet es langsam angehen?

Das Wichtigste beim Sex, gerade beim ersten Mal, ist Vertrauen. Ihr solltet euch jemanden suchen, der gut zu euch ist, offen über die ganze Sache sprechen kann und eure Wünsche und Ängste ernst nimmt. Jemand, der ungeduldig wird oder Druck auf euch ausübt, hat kein Vertrauen verdient. Sätze wie »Alle machen es, also sollten wir es auch tun« oder »Wenn du jetzt nicht mit mir schläfst, trenn ich mich« sollten sehr, sehr laute Warnsirenen in eurem Kopf auslösen. Niemand, der euch wirklich liebt, würde euch jemals auffordern, etwas zu tun, was ihr eigentlich gar nicht wollt. Egal, wie sehr ihr auch in euren Partner verliebt seid, macht nie etwas, weil er oder sie es eben möchte. Wenn euer Partner bereit ist, kleine Schritte mit euch zu gehen und langsam zu schauen, wie sich dies und jenes anfühlt, habt ihr jemanden gefunden, der euer Vertrauen wert ist, und ihr könnt gemeinsam eine neue Welt entdecken.

Irgendwann werdet ihr beide spüren, dass **DER RICHTIGE MOMENT** *gekommen ist.*

So blöd es vielleicht jetzt klingt, aber macht euch vorher – ich wiederhole, *vorher* – Gedanken über Verhütungsmethoden. Stellt euch vor, wie ätzend es wäre, wenn der perfekte Moment da ist, sich alles richtig anfühlt und ihr so was von bereit seid und dann die Frage aufkommt, wie ihr jetzt eigentlich verhüten wollt. Glaubt mir, das zerstört die Stimmung. Ich hoffe, niemand von euch hatte gerade den Gedanken, dass man es ja auch ohne Verhütung machen könnte. Wenn dieser Gedanke sich tatsächlich bei euch eingeschlichen hatte, ist das nicht schlimm, er könnte aber ein Zeichen dafür sein, dass ihr noch nicht wirklich bereit für Sex seid.

Ich vermute, die wenigsten von euch haben Bock, die Verhütungsfrage mit euren Eltern oder den Lehrern im Sexualkundeunterricht zu klären. Wenn ich falschliege, perfekt! Dann habt ihr ein kleines Beratungsteam, das euch hilft, die richtigen Verhütungsentscheidungen zu treffen. Ansonsten bleibt der Gang zum Frauenarzt. Klingt erst mal total unangenehm, aber ist tatsächlich superhilfreich. Ich hatte keine Ahnung, wie ich verhüten sollte, also bin ich zum Frauenarzt. Der hat mich ganz in Ruhe beraten und eine Lösung für mich gefunden. Ich habe mich damals für die Pille entschieden, um nicht schwanger zu werden, und zusätzlich für ein Kondom, um auch vor Geschlechtskrankheiten geschützt zu sein. Das war für mich genau die richtige Lösung, eure könnte aber ganz anders aussehen. Solltet ihr jetzt denken, dass ihr euch nicht bereit für den Frauenarzt fühlt, kann ich das absolut nachvollziehen. Aber auch das könnte ein Zeichen dafür sein, dass ihr noch nicht bereit seid.

Wenn ihr sicher seid, dass euer/-e Partner/-in der/die Richtige ist, ihr spürt, dass ihr so weit seid, und die Verhütungsfrage geklärt ist, könnt ihr den nächsten Schritt gehen. Nehmt euch für die Schritte zum ersten Mal ganz viel Zeit. Wie alles im Leben muss man auch hier erst mal lernen, wie das Ganze funktioniert, wie sich Dinge anfühlen, was man mag und was eher nicht. Je mehr Zeit ihr euch selbst und dem Partner gebt, desto schöner wird das erste Mal. Testet gemeinsam Dinge aus und sprecht darüber, was ihr mögt und was ihr euch voneinander wünscht. Stellt genau klar, wie weit ihr gehen möchtet. Es kann auch sein, dass ihr merkt, dass ihr jetzt zwar bereit seid, aber euer Partner noch nicht. Dann habt

Geduld. Ihr liebt ihn oder sie und wollt, dass ihr beide mit der Situation glücklich seid. Sprecht über eure Ängste und Wünsche und irgendwann werdet ihr beide spüren, dass der richtige Moment gekommen ist. Dann lasst es geschehen und macht euch keinen Druck. Wenn etwas nicht gleich klappt, probiert ihr es noch mal, und wenn was Witziges passiert, ist es okay, zusammen darüber zu lachen.

Ich werde mich immer daran erinnern, wie ich meiner besten Freundin am nächsten Morgen eine Nachricht geschickt habe mit unserem geheimen Code: »Das Blümchen ist geknickt.«

Wenn uns das Herz bricht

So schön, wie sich Liebe anfühlt, so schmerzhaft ist es, wenn sie endet. Auch wenn wir uns am Anfang niemals vorstellen können, dass wir verletzt werden könnten oder selbst den Partner verletzen, kann das immer passieren. Manchmal ist das Gefühl doch nicht so stark wie gedacht, vielleicht entwickelt man sich unterschiedlich oder ist einfach nicht mehr gut füreinander. Wenn die Trennung auf uns zukommt und uns brutal die rosarote Brille von der Nase reißt, bleiben wir oft mit dem Gefühl zurück, dass die Welt jetzt ohne Farbe ist und wir nie wieder glücklich sein können.

Als meine erste Liebe endete, war ich sicher, dass ich nie darüber hinwegkomme. Es hat so wehgetan, dass ich dachte, mein Herz zerspringt.

Obwohl ich wusste, dass es mir nicht guttut, habe ich ihm trotzdem immer wieder geschrieben – nur um dann noch tiefer in das Loch zu fallen. Trennungen sind schmerzhaft und ätzend. Am schlimmsten ist das Gefühl, dass wir diesen Schmerz jetzt für den Rest unseres Lebens wie einen schweren Rucksack mit uns tragen müssen. Wenn es euch gerade so geht, kann ich euch beruhigen. Es geht vorbei. Ich weiß, dass es sich im Moment nicht so anfühlt, aber vertraut mir. Ich bin durch diesen Schmerz gegangen und ich habe überlebt.

Manchmal trifft man auf Menschen, die vergessen haben, wie weh es tun kann, wenn eine Liebe endet, und sie tun so, als ob man übertreibt. Tatsächlich ähneln die Gefühle nach einer Trennung aber denen, die man nach dem Tod eines geliebten Menschen spürt: Man trauert. Ganz einfach. Dabei durchläuft man verschiedene Phasen. In den ersten Tagen steht man unter Schock und hat immer wieder Gedanken wie »Das ist nicht wahr« oder »Wenn ich aufwache, ist alles wieder wie vorher«.

Danach kommt Phase zwei, die man wahrscheinlich am besten als Gefühlschaos bezeichnet. Man hasst und liebt gleichzeitig und kommt von dem Gedanken, nicht ohne den anderen sein zu können, zu der Erkenntnis, dass es einem viel besser ohne ihn oder sie gehen wird. Alles fühlt sich extrem an. Wundert euch nicht, wenn ihr merkt, dass euer Körper nicht mehr wie sonst funktioniert. Es fällt euch eventuell schwer, euch zu konzentrieren. Schlafen wird zur Mutprobe, denn sobald das Licht aus ist, gehen die Gedanken auf Wanderschaft und finden immer wieder dieses olle schwarze Loch. Einige von uns haben keine Lust mehr zu essen, andere stopfen sich voll.

Versucht, jetzt so gut zu euch zu sein, wie ihr könnt. Macht euch nicht fertig, wenn ihr merkt, dass ihr euch gerade einfach nicht konzentrieren könnt oder keinen Spaß an Dingen habt, die ihr immer cool fandet. Ihr seid in einer Extremsituation und das braucht all eure Kraft. Es ist okay, nicht okay zu sein. Und es ist okay, schwach zu sein und ab und zu mal so richtig zu weinen. Damit meine ich nicht das schöne Weinen wie eine Elfe, die eine einzelne zarte Träne vergießt, die über ihre Wange tanzt und dann vom Wind davongetragen wird. Ich meine so richtiges Heulen: traurige Musik, ein verzerrtes Gesicht, ins Kissen schreien und Schnodder – eine Menge Schnodder!

Versucht auf keinen Fall, diese Weinsessions zu unterdrücken. Auch wenn man danach so kaputt ist, als wäre man einen Marathon gelaufen, und sich fühlt wie dreimal überfahren, sind sie sehr gut für eure Seele. Trauer hilft dabei zu verarbeiten. Mit jeder Tiefphase können wir die schlechten Gefühle rauslassen und danach ist alles ein kleines bisschen leichter. Wenn ihr einfach so tut, als wäre nichts, packt ihr die Wut, Angst, Verletzung und Verzweiflung locker in Gläser ein und lagert sie für später in eurem Gefühlsregal. Wenn das voll ist, fällt es um, und dann freut euch mal auf die Gefühlswelle, die mit all dem Kram kommt, den ihr versucht habt zu verdrängen. Auch wenn man im ersten Moment denkt, dass es so leichter ist, macht es das auf Dauer sehr viel schwerer und ihr braucht länger, um wieder neu anzufangen.

Damit ihr aber nicht in dem ollen Loch stecken bleibt, ist es ganz wichtig, euch immer wieder mal vom Liebeskummer abzulenken. Am Anfang selten, dann öfter und dann sehr oft. Das geht ganz leicht, indem ihr etwas unternehmt, was euch glücklich macht. Für die einen ist es vielleicht Zeit mit der Familie zu verbringen, die anderen fangen an, kreativ zu sein oder Sport zu treiben, wieder andere genießen es, mit ihren Freunden Pläne zu schmieden und sie umzusetzen. Ganz egal, was euch ein gutes Gefühl gibt, macht genau das. Eine Ausnahme gibt es: Alkohol und Drogen. Glaubt mir, ich will hier nicht die Oma rauslassen, aber seid nicht dumm und betrinkt euch oder dröhnt euch zu, um euch besser zu fühlen. Das funktioniert nicht. Ach, was erzähl ich euch. Ihr rollt sicher gerade mit den Augen und fragt euch, warum ich das schreibe. Das soll nur eine kleine Erinnerung sein. Mir ist schon klar, dass ihr nicht blöd seid, aber manchmal kommen einem eben dumme Ideen.

Eine Sache, die am Anfang superschwer ist, die aber hilft, damit sich alles bald besser anfühlt, ist, den Kontakt zum Exfreund oder der Exfreundin erst mal abzubrechen. Versucht, Begegnungen, so gut ihr könnt, aus dem Weg zu gehen. Entfreundet euch bei Facebook, Instagram und Co. und, verdammte Axt, löscht die Nummer aus eurem Handy! Abstand ist wie eine Medizin für die Seele, denn wenn ihr nicht ständig Bilder seht, die euch an den anderen erinnern, oder ihr immerzu versucht seid, doch noch diese eine WhatsApp-Nachricht zu schreiben, könnt ihr anfangen zu heilen. Das ist wie so ein aufgeschürftes Knie. Wenn ihr nicht dran herumpult, heilt es schneller und es bleibt keine Narbe zurück.

Konzentriert euch, so gut ihr könnt, auf euch und nicht auf den anderen. Kümmert euch wieder um euch selbst. Geht vielleicht zum Friseur und probiert mal was Neues aus oder kauft euch eine Jeans, in der ihr euch so richtig schön fühlt. Räumt euer Zimmer um und sortiert aus, sodass alles neuer und frischer wirkt. Hängt Bilder auf, die euch glücklich machen, oder Sprüche, die motivieren, und überlegt euch, was ihr für ein Mensch sein wollt und wie euer Leben aussehen soll. Ihr habt es in der Hand, euer Leben zu gestalten, und das ist ziemlich genial.

Manche von uns haben den seltsamen Gedanken, dass alles sofort leichter wird, wenn wir uns einfach in eine neue Beziehung stürzen. Dabei rutschen sie von einer Beziehung in die nächste, haben zwar erst mal weniger Liebeskummer, lernen aber auch nichts daraus. Wenn man sich nicht die Zeit nimmt, nach einer Beziehung darüber nachzudenken, was eigentlich schiefgegangen ist, wird man die gleichen Fehler immer und immer wieder machen. Man versteht nicht, ob man sich vielleicht von den falschen Typen angezogen fühlt oder ob man mehr mit dem Partner kommunizieren sollte. Man hat keine Chance zu sehen, dass vielleicht zu viel oder zu wenig gegeben wurde und woran am Ende alles gescheitert ist. Trauern heißt nicht nur verarbeiten, sondern auch dazulernen und das tut ihr nicht, wenn ihr gleich weiterspringt.

Irgendwann kommt Phase drei: der Neuanfang. Ihr werdet merken, wenn ihr diese Phase erreicht habt. Plötzlich hört ihr auf, so unfassbar wütend oder traurig zu sein, und fangt an, langsam dankbar zu werden. Dankbar für die schönen Momente in der Beziehung, dafür dass ihr einen Abschnitt in eurem Leben gut füreinander wart und euch gegenseitig eine Menge beigebracht habt. Aber auch dafür, dass es jetzt vorbei ist, weil ihr nicht oder nicht mehr zueinanderpasst. Natürlich wünschen sich die meisten von uns, jemanden zu finden, den wir bis zum Ende unseres Lebens an unserer Seite haben, den wir lieben und der unsere Gefühle erwidert.

Das Leben ist zu kurz,
UM SICH MIT MENSCHEN ZU UMGEBEN, *die uns nicht wirklich* **GLÜCKLICH** *machen.*

Aber soll ich euch was verraten? Wir können auch zufrieden sein, wenn es nicht so ist. Das Ziel einer Beziehung sollte niemals sein zusammenzubleiben, sondern einander glücklich zu machen. Wir alle lernen jeden Tag etwas dazu, sammeln Erfahrungen und entwickeln uns weiter. Gerade wenn wir noch jung sind, entwickeln wir uns schnell und erfinden uns immer wieder neu. Dass also ein Mensch, der uns noch vor Kurzem so ähnlich war und gutgetan hat, plötzlich nicht mehr glücklich macht, ist da nachvollziehbar, oder? Das ist übrigens der Grund, warum Erwachsene manchmal junge Beziehungen belächeln, weil sie wissen, wie schnell sich alles verändern kann. Das heißt nicht, dass es nicht möglich ist, mit seiner ersten großen Liebe für immer zusammen zu sein, aber es ist nicht ungewöhnlich, dass es nicht gleich beim ersten Mal klappt.

Das Leben ist zu kurz, um sich mit Menschen zu umgeben, die uns nicht wirklich glücklich machen. Verdammt, jetzt klinge ich wie eine alte Frau … Musste ja mal so kommen. Für euch wirkt das Leben gerade noch, als wäre so viel davon da, aber lasst euch von mir und meinem langen weißen Bart sagen, dass die Zeit schneller vergeht, als ihr realisiert. Freund Fritz und ich lieben uns sehr und das auch schon eine ganze Weile, aber wir klammern uns nicht aneinander. Er ist mir so viel wert, dass ich vor allem möchte, dass er glücklich ist. Solange er das mit mir ist, freue ich mich und genieße die Zeit, aber wenn sich das mal ändern sollte, werde ich ihn nicht anbinden und sagen: »Du

musst bei mir bleiben, auch wenn du woanders vielleicht glücklicher wärst. Warum? Na, damit wir für immer zusammen sind.«

Merkt ihr, wie absurd das klingt? Ich möchte keinen Partner, der nicht zu mir passt. Ich brauche keine Beziehung, die mich nicht auffängt und glücklich macht. Und an meiner Seite hat niemand etwas zu suchen, der mich nicht liebt und mir auf Augenhöhe begegnet. Manchmal ist es also besser, jemanden ziehen zu lassen, der einem mal viel bedeutet hat, weil man einfach nicht mehr gut füreinander ist. Dann sollten wir uns für eine Weile wieder auf die wichtigste Beziehung konzentrieren, die wir in unserem Leben führen: die zu uns selbst.

WIE Lernen UNS verändert

Zur Schule zu gehen ist für uns unumgänglich. Einigen macht das mehr Spaß als anderen. Manche lernen besser, verstehen viel und entwickeln so ihre kleinen Tricks wie alles, was sie schaffen müssen, machbar bleibt. Anderen fällt das schwer, aber keine Angst, ich habe für euch mal ein paar Tipps gesammelt und hier einen kleinen Fahrplan für euren Weg durch den Schul-Dschungel entworfen. Und keine Angst, wir reden nicht daüber, sich an Lianen zu schwingen – oder doch?

Tipps für zukünftige Streber

Kennt ihr diese Menschen, die immer vorbereitet sind, die nie etwas vergessen und richtig gute Noten kriegen? In der Schule sind sie als Streber bekannt und schnell hat man das Bild von einem unbeliebten Brillenträger im Kopf, der den ganzen Tag nur *lernt*. Streber waren lange Zeit die uncoolen Kids, die nur Schule im Kopf und nie wirklich Spaß hatten. Aber findet ihr Sheldon Cooper wirklich uncool, wenn er aus dem Stand mit Fakten und Zitaten um sich werfen kann?

Nein, sie sind interessant, können uns sehr viel beibringen und wir wären nicht so schlau und definitiv nicht so motiviert, wenn wir sie nicht in unserem Leben hätten. Sie sind klug, gehen ihren Weg und lassen sich nicht abbringen von dem, was sie wollen, einfach, weil sie wissen, *wie* sie ihre Ziele umsetzen können. Ihnen kann man keinen Mist erzählen, denn sie haben nicht nur gelernt, wer Goethe und Mozart waren, dass wir ohne Fotosynthese alle schon tot wären und was Gottfried Wilhelm Leibniz, Isaac Newton und Analysis miteinander zu tun haben, sondern auch, wie man kritisch denkt und Dinge hinterfragt.

Wenn ihr euch mal umguckt, werdet ihr merken, dass die meisten Streber ziemlich cool sind. Sie werden vor einer Klausur nicht plötzlich so nervös, dass ihnen der Pony an der Stirn kleben bleibt. Bestimmt haben sie kein Chaos aus Zettelhaufen mit Mitschriften auf dem Schreibtisch verteilt, mit denen man ohne Probleme vier Millionen Papierflieger basteln könnte, und sie werden sicher nicht knallrot, wenn am Anfang der Stunde nach den Hausaufgaben gefragt wird.

Ich finde das beneidenswert und wollte immer wissen, was diese Menschen anders machen als ich. Lernen sie mehr? Die beste Schülerin in meiner Klasse hatte eindeutig mehr Hobbys als ich und dadurch nicht mal halb so viel Zeit fürs Lernen und Hausaufgabenmachen. Sind Streber also einfach intelligenter? Möglich! Aber im Studium habe ich gemerkt, dass es darauf allein nicht ankommt. Die klügsten Kommilitonen waren nicht automatisch die besten Studenten. Aber was ist dann ihr Geheimnis? Ich verrate es euch. Sie wissen einfach, wie man lernt. Tada! Jetzt kennt ihr die Wahrheit. Ende des Kapitels. Was? Das reicht euch nicht? Ach, ihr wollt es jetzt ganz genau erfahren? Na, dann los.

Schon mal versucht, das blöde Referat für Bio zum Thema Moos, das ihr wieder auf den letzten Drücker angefangen habt, in der Nacht vor dem

Abgabetermin fertigzustellen? Dann torkelt man morgens wie ein dreimal gestorbener Zombie in die Schule. Kennt ihr nicht? Ich natürlich auch nicht. Niemandem hier in der Runde ist so was schon mal passiert. *räusper* Aber ihr habt vielleicht schon mal von der Idee gehört, dass man auf Schlaf verzichtet, um mehr Zeit fürs Lernen zu haben? Gut. Was würdet ihr sagen, wenn ich euch verrate, dass das Blödsinn ist und Streber so was niemals tun?

Denkt mal drüber nach. Euer Gehirn muss sich den ganzen Tag konzentrieren, ihr müsst kreativ sein, ständig Dinge verstehen und euch merken. Wie soll das im Zombiemodus funktionieren? Lasst mal so einen Olympiakugelstoßer seinen Job im müden Zustand machen. Ich sag euch, das gibt Verletzte. Euer Gehirn benötigt für euren Leistungssport Schule acht bis neun Stunden Schlaf. Jap, ihr habt richtig gelesen. Das klingt sehr viel, aber vertraut mir und probiert es mal aus. Ihr werdet merken, wenn ihr ausgeruht seid, geht alles plötzlich viel schneller. Man braucht keine ganze Stunde mehr, um eine Seite im Arbeitsheft zu lösen, und das Moosreferat ist vor drei Uhr nachts fertig.

Ein funktionierendes Gehirn bedeutet Konzentrationsfähigkeit, und das heißt schneller lernen und arbeiten, und das sorgt natürlich dafür, dass ihr auch früher fertig seid und endlich Zeit für andere Dinge habt. Klingt gut? Dann lasst uns unseren alten Kumpel Sandmännchen anrufen und mal ein Date für heute Abend ausmachen. Ja, ist schon klar, ihr seid zu cool für den Typen mit dem Sandsack. Sorry, Alte-Frau-Anfall.

Schon mal versucht, den Stoff von vier Wochen an nur einem einzigen Tag in den Kopf zu kriegen? Das ist gar nicht so einfach. Einige würden sogar sagen »Das ist unmöglich!«, aber wir wollen mal nicht so negativ sein. Einigen wir uns auf »Verdammt anstrengend«. Das Gemeinste an der Sache ist, dass es nicht mal funktioniert. Unser Gehirn ist ein echter Snob und mag keine Langeweile. Den ganzen Tag am Stück rumzusitzen und immer wieder denselben Kram zu üben ist mehr als langweilig, also geht unser Kopf einfach in den Flugmodus. Aus die Maus.

Viel besser klappt es, wenn ihr den Stoffberg in kleinen Abschnitten erklimmt. Ihn sich Stück für Stück mit vielen Pausen einzuprägen klingt zwar nicht produktiv, ist es aber. Dazu gibt's eine tolle Methode, die sich Pomodoro-Technik nennt. Klingt ein bisschen nach Spaghetti mit Tomatensoße, hat damit aber leider nichts zu tun. Bei dieser Technik schnappt ihr euch euer Handy, schaltet es in den Flugmodus, damit euch nichts ablenken kann, und stellt dann den Timer auf 25 Minuten. In dieser Zeit macht ihr nichts anderes, als euch auf eure Aufgabe oder den Stoff zu konzentrieren. Keine Ablenkung, keine Pipipause. Durchziehen. Sind wir mal ehrlich, das ist wirklich nicht lang, und wenn ihr erst mal dabei seid, werdet ihr überrascht sein, wie schnell die Zeit vergeht. Wenn euer Timer losgeht, lasst ihr alles stehen und liegen und habt fünf Minuten Pause.

Am besten stellt ihr euch dazu auch wieder einen Timer, denn sonst verarscht man sich ganz schnell selbst. Nur kurz in den fünf Minuten ein Eis beim Späti kaufen, eine Choreo üben, die Welt retten … ihr versteht? Eure Pause könnt ihr gestalten, wie ihr mögt. Ihr könnt rumliegen und träumen, 'ne Tanzparty veranstalten oder was zu trinken holen. Die Hauptsache ist, ihr sitzt nicht am Schreibtisch. Nach der Pause geht's in die nächsten 25 Minuten und so weiter. Wenn ihr das dreimal wiederholt habt, gönnt ihr euch eine längere Pause von 30 Minuten. Merkt ihr, wie entspannt das ist? Trotzdem werdet ihr euch so den Stoff viel schneller aneignen als ohne Pausen. Genau so sollte lernen sein: möglichst wenig Stress, viele kleine Pausen und zwischendurch sogar ein bisschen Spaß.

Die nächste Sache, die ihr machen könnt, um den Schulstoff besser zu verstehen, ist, nervig zu sein. Viele von euch kennen sie vielleicht von kleinen Geschwistern und … pst … wir alle haben sie selbst durchlebt: die Warum-Phase. Die Zeit, in der wir bei allem und jedem gefragt haben, *warum* es so ist. Warum muss ich jetzt ins Bett? Warum guckt der Mann so? Warum können die Katze und ich nicht vom selben Teller essen? Natürlich ist das für alle anderen ein bisschen anstrengend, aber grundsätzlich ist das Hinterfragen von Dingen sehr klug. Dieses Vorgehen haben sich Streber oft beibehalten, denn im Unterricht nach dem Warum zu fragen, verwandelt einen in kurzer Zeit von einem Zombiemitschreiber zu einem Dr. Allwissend. Man hört auf, einfach blind aufzuschreiben, was gesagt wird, und versteht *wirklich*, worum es geht und wie es funktioniert. Das ist fast wie eine Geheimwaffe, und wenn ihr sie einsetzt, werdet ihr merken, dass es zu Hause deutlich weniger zu lernen gibt, weil alles schon im Kopf ist.

GENAU SO SOLLTE LERNEN SEIN: möglichst wenig Stress, viele kleine Pausen UND ZWISCHENDURCH SOGAR EIN BISSCHEN SPASS.

Habt ihr auch diese blöden Schulstunden, die sich wie alter Kaugummi ziehen und nie zu enden scheinen? Der Lehrer hat es einfach nicht drauf, das Thema spannend zu gestalten, oder man selbst ist schlicht nicht interessiert, also träumt man vor sich hin, schreibt Zettelchen oder langweilt sich zu Tode. Streber tun das nie. Nicht, weil sie alles interessant finden und immer Bock auf Schule haben, sondern weil sie wissen, dass sie auf diese Weise weniger Arbeit zu Hause erwartet. Frei nach dem Motto »Ich muss sowieso hier sitzen«, machen sie auch das Beste aus Kaugummistunden. Sie nutzen die Stunde für ihre Warum-Fragen, um ihre Mitschriften aufs nächste Level zu pushen. Sie versuchen, die Hauptinformationen herauszufiltern, und schreiben sich Fragen auf, die der Lehrer stellt, denn die könnten später genau so auch in Klausuren oder Tests drankommen.

Ein kleiner Trick für richtig gut sortierte Notizen ist übrigens eine Kopf-zeile. Das ist ein Kästchen oben auf eurem Blatt, in dem das Datum, das Fach, das Thema und nach der Stunde auch die drei bis vier wichtigsten Stichpunkte eingetragen werden und – BOOM! – Mitschriften 1.0! So ist es nicht nur supereinfach, etwas in eurem Ordner zu finden. Ihr habt für die Vorbereitung von Tests auch schon die wichtigsten Stichpunkte raus-gesucht und müsst nur noch checken, ob ihr alles verstanden habt und wiedergeben könnt. Wenn ihr also das nächste Mal in einer Stunde sitzt, in der man locker schlafen könnte, nutzt die Zeit, nervt den Lehrer mit Warum-Fragen, bis ihr alles verstanden habt, und macht euch die besten Mitschriften ever!

Das Nächste, was viele Streber machen, ist, mehr zu lernen, als sie müssen. Mir ist klar, dass man als Schüler schon genug Stress hat und oft an seine Grenzen kommt, aber gebt dem Gedanken mal eine Chance. Ich dachte immer, dass ich schneller fertig bin, wenn ich nur kurz das Zeug übe, das in meinem Hefter steht. Kommt euch bekannt vor? Na, dann passt mal auf! Wenn ihr ein Thema vor euch habt, das ihr absolut nicht versteht, recherchiert einfach eine Runde dazu und sucht euch coo-le Hintergrundinformationen raus.

Ich habe mich in Deutsch zum Beispiel mal reingehängt und für einen Test ein bisschen zu Anne Frank recherchiert. Ich wollte wissen, wie ihr Versteck aussah und was die Familie vor dem Krieg gemacht hat. Wer genau waren ihre Helfer? Nach zwei Stunden lesen und ausdrucken und unterstreichen hatte ich alle Infos so sicher im Kopf, dass ich sie heute noch weiß. Meine Freundin hingegen hat einen ganzen Nachmittag geopfert, um sich diese Fakten zu merken, und hatte deutlich weniger Spaß dabei. Ich muss euch wahrscheinlich nicht sagen, dass der Test für mich supereasy war und ich ohne Stress und Panik eine Eins geschrieben hab. Da habe ich zum ersten Mal verstanden, dass man oft schneller und entspannter zum Ziel kommt, wenn man mehr macht, als man muss. Natürlich funktioniert das nicht für jedes Fach, aber manchmal bietet es sich wirklich an. Probiert es mal aus!

Manchmal geht die Prüfung aber auch mit den besten Tipps im Hinterkopf schief. Man weiß genau, dass die Note vom Test grottenschlecht wird, man kriegt ihn zurück, will ihn einfach nur in der Tasche verschwinden lassen und nie wieder ansehen. Kann man machen, ist aber blöd. Streber nehmen diesen verhauenen Test und gucken sich genau an, was das Problem war. Das macht keinen großen Spaß und ist nicht besonders toll fürs Ego, aber man versteht wirklich, was falsch war und wo man sich verbessern muss. Manchmal ist die Erkenntnis: »Oh, ich hätte mich vielleicht doch ein bisschen mehr vorbereiten sollen.«

Aber oft sieht man plötzlich ärgerliche Kleinigkeiten, die einen Punkte gekostet haben. Ich habe zum Beispiel eine Weile gedacht, dass bestimmte Dinge vorausgesetzt sind und ich sie daher nicht noch mal hinschreiben muss. Als ich mir dann meine Tests angeschaut habe, ist mir aufgefallen, dass ich dadurch Punkte verschenkt hab. Es ist

also keine schlechte Idee, sich zu Hause einen leckeren Tee zu machen und den Test durchzugehen. Denn beim nächsten Mal ist man dann klüger und weiß besser, was der Lehrer wie hören will.

»Okay, Ella. Das ist ja alles gut und schön, aber ich hab echt keinen Bock, jetzt nur noch zu lernen.« Kleine Überraschung gefällig? Das Klischee, dass Streber sich nur mit der Schule und Büchern beschäftigen, stimmt … nicht. Die klügsten Schüler in meiner Klasse waren die, die Hobbys hatten. Wie jetzt, die haben weniger Zeit für Schulstoff und sind dadurch erfolgreicher? Ja. Erinnert ihr euch an den Anfang dieses Kapitels, als es um unser schnell gelangweiltes Gehirn ging? Wenn ihr euch ein cooles Hobby sucht, habt ihr nicht nur richtig Spaß, sondern auch etwas Spannendes für euren Kopf. Ihr erhaltet Abstand von der Schule, könnt euch auspowern und was Neues lernen. Kümmert ihr euch danach um die Schule, ist euer Gehirn glücklich und bereit, wieder Infos aufzunehmen.

Wenn ihr all diese Geheimtipps von Strebern verfolgt und es trotzdem nicht klappen will, schaut euch mal genau an, wie und wo ihr lernt. Jeder von uns ist anders und deshalb braucht auch jeder andere Dinge, um sich konzentrieren zu können. Der eine kommt nicht ohne Bilder zurecht, der Nächste muss alles einmal aufschreiben, der Übernächste kann nur mit Musik und ihr vielleicht nur in absoluter Stille lernen. Wenn ihr also rauskriegt, was euch beim Denken und Konzentrieren hilft, habt ihr schon die halbe Miete. Probiert einfach ein paar Dinge aus. Meine

Freundin zum Beispiel hat am effektivsten in der **Badewanne gelernt. Da** war es kuschelig und still. Ich fand die Idee richtig gut, aber hab nach drei versenkten Heften beschlossen, dass ich dafür eindeutig zu tollpatschig bin. Ich benötige Ruhe, keine Ablenkung und Gemütlichkeit. Also habe ich mich in meinem Zimmer verbarrikadiert, gemütliches Licht angemacht und konnte mich so richtig gut in den Stoff vertiefen. Vielleicht merkt ihr auch, dass ihr leichter Dinge im Kopf behaltet, wenn ihr sie euch laut erzählt oder sie jemandem erklärt. Ganz egal, was für euch funktioniert, wenn ihr es rausgefunden habt, ist das eure kleine Geheimwaffe.

Da haben wir sie, die Tricks der Streber. Manche klingen im ersten Moment seltsam, aber ihr habt ja nichts zu verlieren. Probiert sie einfach mal aus und überrascht euch selbst!

Einfach zu viel Druck

Die meisten von uns kennen dieses blöde Gefühl, nie genug zu schaffen, zu langsam zu arbeiten und irgendwann alles nur noch vor sich herzuschieben. Dann kommt schleichend dieser unangenehme Druck, der sich auf uns legt und alles noch schlimmer macht. Scheinbar sind alle um uns herum tiefenentspannt, erledigen ihre Aufgaben mit Leichtigkeit und sind so gut wie immer perfekt auf Tests und Klausuren vorbereitet.

Soll ich euch ein Geheimnis verraten? Die anderen kennen dieses Druckgefühl auch und ich würde sogar behaupten, dass jeder schon mal eine Situation oder Phase hatte, in der er nicht wusste, wie er damit umgehen soll.

Druck kann von außen oder innen kommen, das heißt, häufig machen ihn uns Lehrer, Eltern, Freunde und manchmal machen wir ihn uns selbst. Wir wollen für unsere beste Freundin da sein, den Vortrag mal so richtig rocken, unser Zimmer Pinterest-like gestalten, Sport machen, im Haushalt helfen, Hobbys haben und dabei Omi und Opi und die Hausaufgaben nicht vergessen. Wir wollen ab morgen jeden Tag zwölf Stunden lernen, um überall Einsen zu schreiben, dann zwölf Stunden schlafen und danach gleich den Morgen mit zwei Stunden Yoga beginnen, um richtig fit zu sein. Nebenbei sind wir natürlich immer mit unseren Freunden unterwegs, unternehmen viel und schaffen uns wundervolle Erinnerungen und vernachlässigen dabei niemals unsere Familie. Schnürt das gerade nur bei mir die Kehle zu oder geht euch das beim Lesen genauso?

Wir alle sollen und wollen viel erleben und erreichen und das ist okay, aber man darf sich dabei eben nicht zu sehr unter Druck setzen und setzen lassen. Denn wenn man feststellt, dass alles wieder nicht möglich war, fangen wir an, den Fehler bei uns zu suchen, und machen uns klein. Soll ich euch was sagen? Das ist Blödsinn! Ihr seid toll, genau so, wie ihr seid, und jeder von euch hat Dinge, die er richtig gut kann, und welche, in denen er sich noch verbessern kann. Ich zum Beispiel kann prima mit Menschen umgehen, Probleme lösen und helfen, wenn sich jemand schlecht fühlt. Aber früher war mein Zimmer ein Naturschutzgebiet, in dem jede Socke ihren eigenen Platz auf dem Schreibtisch hatte und niemals für die Wäsche gejagt werden durfte. Immer wenn Besuch kam, hat mein Chaos Verstecken in meinem Bettkasten gespielt. Heute habe ich das besser im Griff, aber es hat eine Weile gedauert, bis ich ein System für meine Schwächen gefunden habe.

Wenn es also bei euch gerade Dinge gibt, die ihr neben alldem, was zu tun ist, noch nicht umsetzen könnt, macht euch nicht fertig. Geht sie so einfach und entspannt wie möglich Stück für Stück an. Je älter wir werden, desto häufiger sind wir stressigen Situationen ausgesetzt. Es ist also keine schlechte Idee, jetzt schon mal zu lernen, was man bei Stress und Druck machen kann, um sich besser zu fühlen. Wenn ihr schon gleich einen geeigneten Weg für euch findet, werdet ihr es später sehr viel leichter haben.

Zuerst ist es ganz wichtig, sich einzugestehen, dass der Druck gerade einfach zu groß ist. Ich weiß, wir sind insgeheim alle Superhelden, aber manchmal spüren auch die Überforderung. Klar, Superwoman kann ein Haus tragen, aber gib ihr drei und es wird auch ihr zu viel. Vielleicht merkt ihr, dass ihr immer schlechter still sitzen könnt, schneller atmet als sonst und regelmäßig Kopfschmerzen bekommt? Das alles können Zeichen dafür sein, dass ihr gerade zu viel Druck habt.

Ich merke es selber immer zuerst an meinem Verhalten. Ich bin ein sehr emotionaler Mensch – sehr! Nicht Gedichte-in-der-Innenstadt-zitierend-emotional, eher Heulen-wegen-einer-blöden-Werbung-emotional! Also weiß ich, dass meine Emotionalität ein kleiner Radar für Stresssituationen ist. Ich werde dann meistens noch emotionaler. Ja, man glaubt es kaum, aber das geht! Anschließend bin ich ständig gereizt und fühle mich wegen jedem Kleinkram angegriffen und im dritten Schritt werde ich ganz ruhig. Ein normaler Mensch spricht im Durchschnitt zehn- bis zwanzigtausend Wörter am Tag, ich mindestens hunderttausend. Wenn ich also ruhig werde und kaum noch ein Wort herausbringe, ist das ein ganz schlechtes Zeichen und ich muss mir dringend eingestehen, dass es gerade alles andere als grandios läuft. Sich selbst gut zu beobachten hat nichts mit Selbstverliebtheit zu tun, sondern damit, gut auf sich aufzupassen.

Es ist wichtig zu akzeptieren, DASS WIR NICHT perfekt sind.

Wenn euch also klar ist, dass ihr was ändern müsst, schaut euch eure Situation ganz genau an und überlegt, wie ihr sie verbessern könnt. Klar ist es für die meisten von uns keine Lösung zu sagen: Die Schule stresst mich, also gehe ich nicht mehr hin. Besser ist es, darüber nachzudenken, was konkret an der Schule zurzeit so stressig ist. Sind es die Hausaufgaben oder der Leistungsdruck? Kommt der Stress von außen oder von mir selbst? Wenn er von außen kommt, dann sprecht mit demjenigen und versucht, eine Lösung zu finden, zum Beispiel mit Nachhilfe oder vielleicht einem kleinen Aufschub.

Es könnte aber auch sein, dass ihr nach der Schule keine Freizeit mehr habt, weil es einfach ewig dauert, Hausaufgaben zu machen und zu lernen. Eine Lösung kann an dieser Stelle sein, mal zu schauen, wo man Zeit einsparen oder effektiver sein kann, um eine Pause rauszuschlagen. Die meisten kommen von der Schule nach Hause und sind erst mal platt. Klar, wenn man den ganzen Tag versucht, die Welt zu verstehen, ist irgendwann die Luft raus. Trotzdem sollten wir uns am besten schon gleich an die Hausaufgaben machen. Wenn wir uns mit unserem Matschekopf aber dann an den Schreibtisch setzen, kriegen wir vielleicht in der ersten Stunde kaum was gebacken und quälen uns nur durch die To-do-Liste. Das ist ein bisschen, wie zu lange in einem winzigen Raum zu sein. Irgendwann wird die Luft schlecht, man wird müde und träge und alles funktioniert nur noch in Zeitlupe.

Kennt ihr das? Dann blättert mal zurück zur Spaghetti-Technik, stellt einen Timer und gebt euch zu Hause erst mal eine Stunde (oder mehr oder weniger) Pause. In dieser Zeit müsst ihr nichts Produktives machen, weder aufräumen noch lernen. Ihr könnt einfach rumliegen, wie bekloppt zu geiler Musik tanzen oder euch mit etwas beschäftigen, was richtig Spaß macht. Wenn die Stunde um ist, habt ihr euch gut erholt und könnt mit durchlüftetem Kopf gleich viel schneller die Arbeit erledigen.

Prioritäten sind auch eine super Sache. Festzustellen, dass nicht alles wirklich heute gemacht werden muss und es Aufgaben gibt, die wichtiger sind als andere, kann unheimlich entspannen. In einigen Fächern macht es vielleicht sogar Spaß, noch extra zu den gestellten Aufgaben Dinge zu recherchieren. Das ist Bombe, aber gerade in Phasen, in denen wahnsinnig viel zu tun ist, hilft es, hier und da die eigenen Ansprüche herunterzuschrauben und sich auf das Wesentliche zu konzentrieren. Natürlich wollen wir immer alles hinkriegen, und zwar nicht nur irgendwie, sondern auch richtig gut. Aber manchmal ist es besser, eine nicht so wichtige Aufgabe ganz einfach zu lösen und zum Schluss nur dann noch zusätzliche Arbeit reinzustecken, wenn die Zeit und Kraft dafür reichen.

Habt ihr euch schon mal überlegt, warum die mächtige Elsa Anna braucht und warum Batman nicht ohne Robin kann? Ganz einfach, weil man immer mehr schafft, wenn man im Team arbeitet. Das ist etwas, was ich im Studium für mich entdeckt habe. Für sich zu lernen und zu arbeiten kann super sein, aber manchmal ist es befreiend zu wissen, dass man nicht allein gegen eine Horde wilder Schulbücher und ein Rudel Vokabeln und Formeln kämpft, sondern dass man eine Gruppe von Freunden um sich hat, die einen unterstützt. Gerade in einer stressigen Klausurenphase ist es Gold wert, eine Lerngruppe zu haben.

Kann sich bitte mal jemand ein cooleres Wort für Lerngruppe ausdenken? Wie wäre es mit … Team! Mein Team und ich haben uns einmal die Woche getroffen und gemeinsam gelernt, Hausaufgaben gelöst, Übersichten erstellt, uns gegenseitig erklärt, was wir verstanden haben, und uns immer wieder abgefragt. Wir hatten jede Woche Mittwoch ein kleines Teamdate und konnten da unsere Fragen stellen und am Ende sehr viel schneller und mit mehr Spaß alle Aufgaben hinter uns bringen. Dafür haben wir uns jede Woche bei jemand anderem getroffen. Es gab immer etwas Leckeres zu knabbern, ein bisschen Smalltalk und dann eine große Portion Arbeit.

Ihr habt ja keine Ahnung, was das für ein Gefühl ist, plötzlich nicht mehr allein ackern zu müssen. Da sind Leute, die euch helfen und denen ihr helfen könnt, und schon geht alles viel schneller. Wenn Klausuren ausgeteilt werden, interessiert einen nicht mehr nur die eigene Note, sondern man ist nur dann richtig glücklich, wenn alle aus dem Team gerockt haben. Fallen euch spontan jemand oder auch mehrere Leute ein, die ähnlich gut in der Schule sind wie ihr selbst und mit denen ihr gern ein Team bilden würdet? Dann los! Schlagt ihnen die Idee vor, sucht euch einen Tag aus, legt die Themen fürs nächste Treffen fest und zieht es durch!

Kleiner Tipp, bevor es richtig losgeht: Besprecht genau, was euch wichtig ist. Wollt ihr gemeinsam lernen oder euch auch zum Hausaufgabenmachen treffen? Was wünscht ihr euch voneinander und was könnt ihr selbst ins Team einbringen? Im Idealfall ist das Ganze ein Geben und Nehmen, also sucht euch euer Team mit Bedacht aus. Wenn man eins gefunden hat, spürt man, wie motiviert man ist, wie viel Spaß alles macht und dass man schneller und mit weniger Stress bei der Sache ist.

Vielleicht merkt ihr aber, dass ihr gar nicht genau festlegen könnt, was euch jetzt gerade Druck macht. Es sind nicht alleine die Schule oder Hobbys, sondern irgendwie alles. Wenn das so ist, nützt es nicht viel, die einzelnen Situationen immer nur kurz zu verändern und sich ständig von Insel zu Insel zu retten. Dann ist es eine gute Idee, einfach mal ein bisschen den eigenen Alltag zu überdenken und hier und da sein Leben umzugestalten, damit es einem besser geht. Ich weiß zum Beispiel, dass meine Tage immer hektisch sind, also habe ich mich dazu entschieden, mir den Morgen für mich zu nehmen. Ich stehe immer ein bisschen früher auf, als ich muss, lasse mein Handy im Flugmodus, genieße die Ruhe vor dem Sturm, mache mich entspannt fertig und esse was Leckeres. Wenn ich dann den Alltag beginne, habe ich so viel Energie gesammelt, dass mich nichts mehr schocken kann.

Das funktioniert natürlich nicht für jeden. Wenn ihr morgens um sechs die Bahn erwischen müsst, habt ihr wahrscheinlich **keinen Bock, um vier** aufzustehen. Aber dann sucht euch doch einfach andere Inseln. Bastelt euch einen groben Tagesablauf. Von wann bis wann ist Unterricht? An welchen Tagen steht normalerweise noch Programm nach der Schule an? Wann müsst ihr schlafen gehen, um keine Zombies zu werden? Und wann ist Zeit übrig, die ihr einteilen könnt? Überlegt euch, zu welcher Tageszeit ihr euch immer gut konzentrieren könnt, und legt euch das Lernen da rein. Plant kleine Pausen hier und da ein. Immer mal wieder fünf Minuten zwischendurch zu haben, in denen man aus dem Fenster sehen und ein bisschen träumen kann, gibt euch mehr Kraft, um schneller fertig zu werden, und ihr haltet das Stresslevel klein.

Für mich war immer ganz wichtig, einen »Feierabend« zu haben. Ich wusste, um eine bestimmte Uhrzeit ist Schluss mit Schulkram, oder später auch Unikram, und ich kann mich entspannen. Das hat mich zum einen motiviert dranzubleiben und eben keine Zeit zwischendurch zu verschwenden, und zum anderen war mir klar, dass irgendwann am Tag auch mal Schluss ist und ich Zeit für andere Dinge habe. Wenn ihr Leute kennt, die entspannt wirken *und* gute Noten schreiben, fragt sie doch mal, wie sie lernen und wie ihr Tag so aussieht. Vielleicht funktionieren ihre Techniken und Methoden auch für euch. Bastelt euch vielleicht eine coole Abendroutine und macht Zeit frei für Entspannung und Hobbys. Ich sage nicht, dass ihr alles auf die Minute genau planen müsst, aber so ein paar kleine Leitfäden zu haben, kann Struktur in alles reinbringen und ihr werdet das Gefühl los, nur noch zu lernen und trotzdem nichts gebacken zu kriegen.

Insgesamt ist es wichtig zu akzeptieren, dass wir nicht perfekt sind. Du im roten Pullover bist es nicht und du mit der Brille bist es nicht. Ich bin es auch nicht und das ist vollkommen okay. Wir sind eben keine Maschinen. Gott sei Dank! So einen Ölwechsel stelle ich mir unangenehm vor … Wir alle haben gute und schlechte Tage, Stärken und Schwächen. Manchmal läuft es richtig gut und dann verhaut man mal wieder eine Klausur. Wichtig ist nicht, keine Fehler mehr zu machen, sondern mit ihnen richtig umzugehen. Eine schlechte Note bedeutet nicht, dass man dumm ist, sondern nur dass man entweder nicht genug Motivation hatte oder noch nicht die richtige Lerntechnik für sich gefunden hat.

So oft denken wir, dass wir uns Druck machen müssen, um alles zu schaffen, aber je mehr wir ihn rausnehmen, desto mehr merken wir, wie viel besser wir uns dann fühlen und wie viel schneller wir mit unserer Arbeit fertig werden.

Oh Gott, ich glaub, ich hab Prüfungsangst!

Das ganze Leben besteht aus Prüfungen. Das ist auch so ein Satz, den alte Leute über 20 gern sagen, oder? Aber wie fange ich dieses Thema besser an … hm. *Prüfungen sind blöd.* Das ist wahr, aber nicht besonders hilfreich. Komm schon, Gehirn! Wir werden doch sicher einen coolen Einstieg finden …

Ach Leute, machen wir es ganz einfach: Wir alle kennen Prüfungen. Mal sind es kleine, die nicht so wichtig sind, dass wir uns tagelang darüber den Kopf zerbrechen, und manchmal sind es ziemlich große und wir glauben, unser Leben hängt von ihnen ab. Vor jeder Prüfungssituation sind wir aufgeregt. Soll ich euch was verraten? Das ändert sich auch nicht nach der Schule. Es bleiben schwierige Situationen, in denen unser Herz schneller schlägt, wir schwitzige Hände, und wenn es ganz blöd läuft, auch einen Blackout bekommen. Ich habe hier leider kein Rezept für irgendeinen Zaubertrank, den man bei Mondschein trinken muss, während man um ein Feuer tanzt und – puff – die Angst ist weg. Wenn ihr eins habt, immer her damit, und wenn ihr bei Mondschein tanzen super findet, lasst euch nicht davon abhalten. Aber ich habe hier Tipps, die wirklich helfen können, Prüfungsangst in eine Box zu sperren und Panik zu kontrollieren.

Grundsätzlich ist es gar nicht so schlecht, eine kleine Portion Aufregung zu haben, denn sind wir mal ehrlich, viele von uns würden nicht mal anfangen zu lernen, wenn da nicht dieses kleine Aufregungsmännchen uns immer wieder ärgern würde. Auch in der Prüfung selbst sorgt ein bisschen Herzklopfen tatsächlich dafür, dass wir wacher sind und uns besser konzentrieren können. Die Betonung liegt hier aber auf *ein bisschen*. Im Grunde ist es eine Geheimwaffe, mit der man aber umgehen können muss. Denn wie bei fast allem im Leben schlägt das Ganze ins Gegenteil um, wenn es zu viel wird, und die Konzentration geht dann winkend aus der Tür. Die Aufregung wird zu Angst, wir kriegen Bauchschmerzen, fangen an, richtig schlimm zu zittern, und müssen plötzlich überlegen, wie wir heißen. Karl? Berta? Dass man in so einem Zustand nicht zum Streber werden kann, ist irgendwie klar, oder? Wie zum Henker setzt man dann aber diese Geheimwaffe richtig ein?

Schritt eins ist langweilig, aber das Beste, was ihr vor einer Prüfungssituation machen könnt: Um die Angst im Zaum zu halten, müsst ihr euch gut vorbereiten. Klar, lernen ist die eine Sache, aber wichtig ist, dass ihr auch verstanden habt, was ihr lernt. Versucht also mal, euch selbst oder anderen zu erklären, was in euren Notizen steht. Schnappt euch ein paar leckere Kekse, gemütliche Kuschelhosen und weiter geht's im Team. Es ist aber nicht nur wichtig, den Stoff in den Kopf zu kriegen, sondern auch, die Prüfungssituation zu üben. Gerade wenn man Angst vor Prüfungen hat, kann das Wunder bewirken.

Klingt wie ein Punkt mehr auf der To-do-Liste? **Lasst mich erklären!** Dinge, vor denen wir Angst haben, sind oft welche, die wir nicht besonders gut kennen. Situationen, die uns fremd sind, oder welche, mit denen wir schlechte Erinnerungen verbinden. Natürlich wollen wir uns denen am liebsten so wenig wie möglich aussetzen, aber das macht das Ganze nur noch schlimmer. Wenn wir etwas ständig wiederholen, schnallt unser Gehirn, dass es keinen Grund dafür gibt, das Blatt vor uns zu zerreißen und wie ein Waldtroll durch den Raum zu laufen. Schnappt euch euer Lernteam und geht in den Raum, in dem zum Beispiel der Test geschrieben wird, und probiert mal aus, euch dort hinzusetzen und Fragen zu beantworten. Klingt völlig bekloppt? Ich weiß und vielleicht ist es das auch, aber glaubt mir, es hilft!

Ich habe das für meine Abiprüfung geübt, weil ich in mündlichen Prüfungen echt nicht gut war, und es hat meine Aufregung komplett fortgeblasen. Am Anfang wurde mir schon schlecht, wenn ich nur in den Raum gegangen bin, auch wenn dort meine Freunde und nicht die Lehrer mit ihren bedrohlichen Ohren, Augen und riesigen Zähnen saßen … Lehrer haben doch Stacheln, oder? An Fragen beantworten war kaum zu denken. Weil wir es aber zusammen immer wieder geprobt, uns gegenseitig Fragen gestellt und uns stets verbessert haben, ging es irgendwann so leicht, dass ich in der Prüfung selbst überraschenderweise kaum aufgeregt war und alles wiedergeben konnte, was ich im Kopf hatte. Diesen Trick könnt ihr in jeder Prüfungssituation anwenden. Für schriftliche

Prüfungen könntet ihr euch gegenseitig Aufgaben auf ein Blatt schreiben, die in einer bestimmten Zeit beantwortet werden müssen. Auch Vorträge gehen immer leichter über die Lippen, wenn man sie schon ein paarmal seinen Freunden erzählt hat. Klingt gut? Dann probiert es einfach mal aus!

Macht euch nicht wahnsinnig MIT DRUCKGEFÜHLEN, sondern arbeitet einfach hart UND GEBT EUER BESTES.

Wenn ihr keine Lust oder Zeit habt, das Ganze vorzubereiten, und ihr trotzdem keinen Blackout riskieren wollt, könnt ihr auch einen anderen Trick anwenden. Dieser blöde Moment, wenn man in der Prüfung sitzt und plötzlich alles vergessen hat, wird von unserem Gehirn verursacht. Das macht es nicht, um uns zu ärgern, sondern weil es durch unsere Aufregung in den Panikmodus schaltet. Den brauchen wir, wenn wir wirklich in Gefahr sind, weil er alles, was wir nicht zum Überleben benötigen, runterfährt und nur noch Platz lässt für die Dinge, die uns bei einer Flucht helfen. Theoretisch ziemlich praktisch, wenn wir tatsächlich mal flüchten müssen. Aber panisch aus einem Klassenzimmer zu rennen, wird uns eher verwirrte Blicke und schlechte Noten einbringen. Unser Job ist also, unserem Gehirn klarzumachen, dass wir zwar aufgeregt sind, es aber keinen Grund zur Panik gibt, das heißt, Stress ist unser Endgegner und wir müssen ihn in solchen Momenten bekämpfen.

Das funktioniert mit verschiedenen kleinen Tricks. Los geht's mit einer guten Körperhaltung. Ich wette, gerade haben mindestens 80 Prozent von euch ihren Rücken aufgerichtet. Erwischt! Überlegt mal, wie jemand aussieht, geht und steht, der so richtig Angst hat. Die Schultern sind hochgezogen und der Rücken ein bisschen krumm und genau das sagt unserem Gehirn: »Achtung, da könnte was Gefährliches auf uns zukommen!« Entspannt euch mal bewusst, nehmt die Schultern runter, macht den Rücken gerade und stützt die Hände auf die Hüften, haltet das eine Minute und beobachtet, wie diese Haltung eure Gedanken verändert. Mir gibt sie immer wieder das Gefühl, dass ich alles schaffen kann – nicht umsonst sagt man »Power-Pose« dazu. Wiederholt das ein paarmal vor der Prüfung und ihr geht mutiger an die Sache ran. Selbst wenn euch ein Blackout erwischen sollte, könnt ihr euch einfach eine Minute nehmen, um die Körperhaltung zu verändern und euch so besser zu fühlen.

Um zu verhindern, dass die Aufregung im Bauch riesengroß wird, denkt dran, tief zu atmen. Wenn wir Angst haben, fangen wir oft an, schnell und nur ganz flach Luft zu holen und mehr ein- als auszuatmen. Das sorgt dafür, dass wir immer mehr Kohlendioxid in der Lunge haben und irgendwann das Gefühl bekommen, dass wir keine Luft mehr kriegen. In einem solchen Moment einfach kurz mal alles liegen lassen, ganz tief aus-, dann einatmen und den Atem fünf bis zehn Sekunden halten, so lange, bis es besser wird und euer Gehirn wieder gut mit Sauerstoff versorgt ist.

Kurz vor der Prüfung noch zu versuchen, den Stoff in den Kopf zu hämmern ist eine ganz blöde Idee und klappt garantiert nicht. Guckt euch stattdessen mal ein richtig witziges YouTube-Video an. Ich persönlich bin ja Fan von Videos mit tollpatschigen Katzen. Das baut den Stress unheimlich schnell ab und ihr könnt euch in der Prüfung viel besser konzentrieren, weil euer Gehirn den Panikmodus nicht einschaltet. Dabei ist es ganz egal, was euch zum Lachen bringt, Hauptsache ist, ihr findet es wirklich richtig witzig.

Zugegeben, das geht nicht während der Prüfung, aber auch da könnt ihr einen ähnlichen Effekt erzielen, indem ihr einfach eine Minute lang breit grinst. Das sieht bestimmt ein bisschen blöd aus, aber es fällt ja nicht auf, wenn ihr auf euren Tisch hinunterschaut. In unseren Wangen sitzen Nervenzentren, die unserem Gehirn klarmachen, wie es uns in diesem Moment geht. Wenn wir grinsen, wird die Nachricht gesendet, dass irgendwas lustig oder schön ist, es werden Glückshormone ausgeschüttet und die bauen den Stress ganz easy ab. Ohne Stress auch kein Blackout und ohne Blackout keine schlechten Noten.

Alles in allem ist es wichtig, an was ihr in so einer Situation denkt. Versucht, die Panikgedanken zu vermeiden, die euch immer wieder erklären wollen, dass ihr eh zu blöd seid und alles versauen werdet, und ersetzt sie durch Cheerleadergedanken, die euch anfeuern und an euch glauben. Auch wenn wir immer wieder mal nicht zufrieden mit unseren Ergebnissen oder einer Note sind, ist es wichtig, sich klarzumachen, worauf es ankommt: Es geht nicht nur um gute Noten, sondern darum, sich *wirklich* anzustrengen. Macht euch nicht wahnsinnig mit Druckgefühlen, sondern arbeitet einfach hart und gebt euer Bestes. Wenn ihr das tut, habt ihr schon gewonnen.

Mobbing

Den Begriff Mobbing haben wir alle schon mal gehört und wir wissen, dass das keine gute Sache ist. Solange uns das Ganze aber nicht selbst betrifft, machen sich die wenigsten von uns wirklich Gedanken darüber, was es für jemanden bedeutet, der gemobbt wird. Wenn ihr dieses Kapitel hier lest, dann ist es vielleicht so, dass ihr einfach rockt und das Ganze verstehen wollt. In diesem Fall stellt euch bitte vor, wie ich euch gerade eine fette Party schmeiße. Ihr habt keine Ahnung, wie wichtig das für die Opfer ist. Oder ihr seid wundervolle Menschen, müsst aber gerade diese blöde Erfahrung selbst machen. Dann fühlt euch bitte fest umarmt und daran erinnert, dass ihr nicht allein seid!

Inzwischen hat jeder dritte Schüler schon mal solche Erfahrungen gemacht: ausgegrenzt, schikaniert und manchmal auch geschlagen zu werden. Das schreibe ich hier so einfach hin, aber stellt euch das mal vor: das Gefühl, ganz allein auf der Welt zu sein, nicht einen einzigen Freund zu haben, und der Gedanke, dass irgendwas mit einem nicht stimmt. Das Gemeinste daran ist, dass dieses Gefühl nicht verschwindet, nur weil irgendwann die Schule zu Ende ist. Ganz viele nehmen es mit, wenn sie erwachsen werden, und haben ihr ganzes Leben Probleme damit, anderen zu vertrauen. Und das »nur« (man beachte die Anführungszeichen!), weil Mitschüler denken, es wäre cool, jemanden auszugrenzen. Das ist aber leider gar nicht cool! Wenn sich mehrere Leute gegen eine einzelne Person verschwören, ist das Psychoterror. Krasses Wort, oder? Aber genau das ist es.

Mobbing kann körperlich, also physisch passieren, zum Beispiel wenn jemand geschubst, gekniffen oder geschlagen wird. Aber jemand kann auch psychisch gemobbt werden, das bedeutet, dass seine Seele und seine Gefühle angegriffen werden. Entweder ganz direkt durch Beschimpfungen oder Provokationen, oder indirekt, also hinterm Rücken mit unterschwelligen, gemeinen Anspielungen, Ausgrenzungen oder Gerüchten. Aber wann hört eine kleine Neckerei auf und wann geht Mobbing los?

Ich habe irgendwo mal gelesen, dass die offizielle Definition sagt, dass man es erst Mobbing nennen darf, wenn es ein halbes Jahr lang andauert. Klingt logisch, denn es ist ja nicht gleich Mobbing, wenn jemand eine Woche lang geärgert wird. Oder? Freunde, stellt euch das mal vor: Eine Woche lang sich ganz allein fühlen, weil alle gemein zu einem sind. Eine Woche lang hören, wie hässlich oder blöd man ist, dass man angeblich stinkt oder einfach nicht dazugehört. Eine Woche kann extrem lang sein und ich wette, jeder von uns hofft, sich niemals auch nur einen Tag so fühlen zu müssen.

Fast das Schlimmste ist, dass die Opfer oft die Schuld bei sich selbst suchen. Ihnen ist zwar klar, dass sich die Täter gerade unfair und (sind wir mal ehrlich) sehr dumm verhalten, aber diese kleine, leise, fiese Stimme in ihnen sagt immer wieder, dass sie sicher irgendwas gemacht haben, dass sie das verdienen. »Na ja, ich bin eben einfach ein bisschen dicker als die anderen.« – »Ich als Streber muss mich nicht wundern, wenn ich so behandelt werde.« – »Wenn meine Klamotten doch ein bisschen cooler wären …«

Sie fangen an, sich Stück für Stück zurückzuziehen, sprechen immer weniger mit anderen, verstecken sich (auch vor sich selbst) und sind wie kleine Raupen, die sich einspinnen in einen festen, sicheren Kokon. Selbstbewusstsein passt in so einen Kokon nicht rein und ganz oft stehen sie sehr stark unter Stress, weil sie ständig aufpassen müssen, dass sie nicht wieder in eine so ätzende Mobbing-Situation geraten. Dieser Stress macht oft Bauchschmerzen, sorgt dafür, dass sie sich schlechter konzentrieren oder schlafen können. Viele merken, dass sie plötzlich sehr große Angst vor allem Möglichen haben, und manchmal kann so was auch in einer Depression enden. Ich hoffe sehr, dass ihr nicht wisst, wie sich eine echte Depression anfühlt. Kleiner Hinweis an dieser Stelle: Das ist richtig scheiße!

Nachdem ihr das jetzt gelesen habt, geht es euch sicher wie mir und ihr denkt: Diese unfassbaren *hier wirklich schlimmes Schimpfwort einsetzen* Täter. Wie kann man nur so sein? Aber sind Täter wirklich alle gemeine Fieslinge ohne Seele? Überlegt mal. An welche Situationen könnt ihr euch erinnern, in denen jemand gemobbt wurde? Und seid jetzt ganz ehrlich: Was habt ihr gemacht? Keine Sorge, ihr müsst nichts beichten und ich werde auch nicht mit dem Finger auf euch zeigen. Ich glaube aber, dass es wichtig ist, sich klarzumachen, dass dieser Täter nicht irgendwer ist, sondern dass wir es oft selbst sind. Manchmal ist es einem gar nicht bewusst. »Ich wollte doch nur einen Scherz machen und mit diesem Fake-Account ein bisschen Blödsinn schreiben.« – »Ich war so wütend über meine miese Note, dass ich meinen Frust einfach loswerden musste.« – »Ich wollte zu den anderen gehören.«

Mobbingtäter sind nicht diese grünen, schleimigen Monster mit langen Krallen und Zähnen. Sie sind wie du und ich, nein, sie *sind* du und ich. Wir alle machen Fehler, denken ab und zu nicht gründlich nach oder haben Angst. Wenn ihr beim Lesen gemerkt habt, dass ihr vielleicht wirklich gerade jemanden mobbt, dann überlegt mal, warum das so ist. So was macht man nicht, weil man sich in seiner Clique auf jeden verlassen kann, sondern weil es sich gut anfühlt, gemeinsam jemanden blöd zu finden. So was macht man nicht, wenn man gerade so richtig glücklich ist und sich selbst gut leiden kann. Das passiert, wenn man sich klein fühlt, und das ändert sich, wenn man andere runtermacht.

Mobbingtäter sind wie du und ich, nein, sie SIND du und ich.

Ich kann das gut verstehen. Aber lasst euch von der alten Frau sagen (mit 30 ist man ja so gut wie im Altenheim, richtig?), dass das nur kurz funktioniert. Nur in diesem Moment, wo ihr jemanden niedermacht, ist das Gefühl kurzzeitig besser, aber gleich danach wird es sogar schlimmer. Achtet mal drauf. Warum? Ganz einfach, weil es sich mies anfühlt, ein Arsch zu sein, und das zieht das Selbstbewusstsein noch weiter runter.

Es gibt aber einen Geheimtipp, wie man sich nicht mehr blöd findet und trotzdem niemanden verletzt. Wollt ihr es wissen? Ja? Sicher? Das beste Mittel, um sich selbst mehr zu mögen, ist, für andere einzustehen, mutig zu sein und die vermeintlich Schwachen zu verteidigen. Dafür braucht man eine ganze Menge Mut und man muss sich ein bisschen überwinden, aber verdammte Axt, ist das ein gutes Gefühl, und zwar nicht nur für euch, sondern auch für den, den ihr beschützt.

Es geht hier nicht darum, wie Spiderman von Gebäude zu Gebäude zu springen … fliegen … schwingen … – was zum Henker macht der da eigentlich? – und im richtigen Moment die Angreifer verbal abzuwehren. Wenn ihr das könnt, ist das natürlich großartig, also der Teil mit dem Verteidigen, eher nicht der Teil mit dem Schwingen – bitte schwingt euch nicht an einem dünnen Faden von Gebäude zu Gebäude! Hilfe kann auch einfach bedeuten, sich bei dem Opfer zu entschuldigen, ihm die Hand zu reichen und gemeinsam etwas zu verändern.

Um eine Mobbingsituation aufzulösen, solltet ihr als Erstes jemandem davon erzählen, der helfen kann. Wenn ihr merkt, dass ihr euch ausgeschlossen, erniedrigt oder beschimpft fühlt, sucht euch jemanden, dem ihr vertraut und der etwas dagegen tun kann. Ganz egal, ob es ein Lehrer ist (davon soll es auch ziemlich coole Exemplare geben), eure Eltern oder Großeltern – findet jemanden, der euch zuhört, versteht und dann mit euch gemeinsam das Problem angeht. Wenn euch spontan niemand einfällt, den ihr ansprechen könnt, ruft vielleicht mal beim Sorgentelefon an (Nummer: 0800 111011) und berichtet dort von eurem Problem. Da sitzen Leute am Telefon, die euch wirklich zuhören **und richtig gute Tipps** geben.

Das Einzige, was ihr auf keinen Fall machen dürft, ist, still zu bleiben und das Ganze lautlos zu ertragen. Schweigt nicht, geht nicht allein durch diese Zeit und bitte tretet den Ich-bin-selbst-schuld-Gedanken mal so richtig in den Hintern. Niemand ist schuld daran, wenn er zum Opfer gemacht wird. Nichts an euch ist komisch oder seltsam, ihr seid genau richtig so, wie ihr seid. Dass Menschen so etwas mit euch anstellen, hat nichts mit euch zu tun, sondern vielmehr mit ihnen. Ich weiß, es wirkt gerade wie die gruseligste Sache der Welt, aber wenn ihr diesen ersten Schritt geschafft habt, wird alles besser.

Niemand ist schuld daran, WENN ER ZUM OPFER GEMACHT WIRD.

Wahrscheinlich ist der nächste Schritt, der euch wirklich hilft, ein Gespräch mit den Tätern zu führen. Halt! Nicht gleich das Buch zuklappen! Ja, zugegeben, das klingt noch gruseliger als Schritt eins, aber lasst mich erklären. Ihr seid jetzt nicht mehr allein. Ihr habt euch getraut, den Mund aufzumachen, und habt nun ein Team aus Freunden, Lehrern und

Familie, das euch unterstützt. Das bedeutet, dass dieses Gespräch vor allem für die Täter unangenehm sein wird. Mit Mami und Papi dazusitzen und zu hören, wie blöd man sich verhält, ist schon mal sehr ätzend, aber das ist nichts im Vergleich zu der Standpauke, die es danach zu Hause für sie gibt.

In jedem Fall wird sich etwas für euch ändern, weil es jetzt Konsequenzen für die Täter gibt. Nach dieser Konfrontation ist alles anders, weil klar ist, dass ihr nicht mehr einfach nur stumm ertragt, sondern aktiv werdet. Glaubt mir, ein Mal in so einem Gespräch zu sitzen und richtig Anschiss zu kriegen reicht. Die wenigsten haben Lust auf ein zweites Mal und sind so dumm weiterzumobben. Ganz ehrlich, selbst wenn. Jetzt wissen alle Bescheid und sowohl die tollen Mitschüler als auch Lehrer und Schulleitung haben ein Auge auf die Situation. Sofort wenn sie wieder in alte Muster fallen, wird euer Team reagieren oder ihr holt es zu Hilfe. Lasst euch nicht kleiner machen, als ihr seid, nur weil jemand so sein eigenes Selbstbewusstsein aufzuwerten versucht. Ihr seid wertvoll und so viel mehr als ein Opfer. Ihr seid bunt und klug und anders als die anderen und ihr werdet aus dieser Phase mit erhobenem Kopf rausgehen und wissen, wie stark ihr eigentlich seid.

Wenn ihr weder Opfer noch Täter seid und es trotzdem bis zum Ende dieses Kapitels geschafft habt: Ihr seid besonders und ihr wisst jetzt, was zu tun ist. Sobald ihr merkt, dass jemand ausgegrenzt wird, schiebt einen Riegel davor. Geht dazwischen oder sprecht mit Erwachsenen.

Organisiert für eure Klasse Antimobbingdebatten, ladet dafür coole Gäste ein: Musiker, YouTuber, Autoren, Politiker. Ihr werdet überrascht sein, wie viele Menschen bereit sind, sich für diese Sache zu engagieren. Wisst ihr, warum? Weil die meisten *so etwas* selbst schon mal erlebt haben. Helft euch gegenseitig, denn wenn wir alle ein bisschen aufeinander aufpassen, steht niemals jemand allein da.

PLÄNE,
Hoffnungen
UND
Träume

Wir kennen sie alle, diese Frage: Und, was willst du mal werden, wenn du groß bist? Für manche von uns ist diese Frage spannend und bringt uns einfach dazu, mal wieder über unsere Zukunft nachzudenken. Anderen schnürt sie jedoch regelrecht den Hals zu oder lässt Wut aufsteigen. Aber warum ist das so?

Keine Ahnung, was ich mal werden will!

Ist es nicht schön, wenn sich jemand dafür interessiert, was man für seine Zukunft plant? Eigentlich schon, aber wenn man nicht mal den Ansatz einer Idee hat, fühlt sich die Frage »Was willst du mal werden?« nicht nach Interesse an, sondern wie Druck. Ein bisschen so, als würde man auf einer Eisscholle in der Antarktis rumschippern und jemand würde rufen: »Und was willst du jetzt machen?« Man möchte ihn mit Schneebällen bewerfen, damit er endlich die Klappe hält.

Heute aufzuwachsen bedeutet, mehr Möglichkeiten zu haben als je eine Generation vor uns. Es ist alles möglich, was wir uns nur vorstellen können. Natürlich ist das einerseits großartig, andererseits kann das aber auch total überfordern. Wir haben Angst, uns für etwas zu entscheiden, weil es nicht das Richtige sein könnte oder weil wir uns damit andere Wege verbauen. Wir suchen nach dem

Perfekten, nach etwas, was wir für den Rest unseres Lebens machen wollen. Das tun wir nicht, weil wir größenwahnsinnig sind, sondern weil wir es uns häufig von unseren Eltern und Großeltern abgeschaut haben.

Aber wie soll ich denn bitte ahnen, was ich in 50 Jahren noch toll finde? Woher soll ich das *jetzt* wissen, wo ich mir gerade mal sicher bin, dass ich Musikunterricht liebe und meinen Mathelehrer am liebsten zum Mond schießen möchte? Richtig! Das könnt ihr nicht. Der Anspruch, dass eine Leidenschaft das ganze Leben anhalten soll, lässt es fast unmöglich erscheinen, etwas zu finden. Also bleiben wir einfach, wo wir sind, und entscheiden nichts, bis wir es *wirklich* müssen, und die Frage plötzlich heißt: »Was für eine Ausbildung oder welches Studium willst du denn in drei Monaten anfangen?« Würg!

Ich war wahrscheinlich ganz genau wie viele von euch absolut überfordert damit, eine Wahl zu treffen. Morgens begrüßten mich diese wundervollen Gedanken: »Ich werde dieses Erwachsensein nicht packen und niemals glücklich sein.« Ich bin zur Schule gefahren. »Das pack ich nicht.« Ich habe in der Klasse gesessen und die anderen beobachtet, die so viel cooler und mutiger waren. »Keine Chance. Das wird nix mit mir.« Abends im Bett habe ich darüber nachgedacht, was ich mal wieder alles nicht hinbekommen habe. »Ich werde es nicht packen.« Heute würde ich meinem Vergangenheits-Ich gern zurufen, dass es aufhören soll, sich so unter Druck zu setzen, und dass es zwischen perfekt-für-immer und vollkommen-gescheitert noch ein paar Stufen gibt. Ich würde mir selbst sagen, dass das Ziel einfach ist, jetzt in diesem Augenblick, so glücklich wie möglich zu sein – nicht mehr und nicht weniger. Aber Klein Ella hätte es nicht gehört, weil sie zu beschäftigt mit ihrer Angst war, und vor allem, weil sie ihre eigenen Erfahrungen machen musste.

Mein Papi ist meine Inspiration Nummer eins, wenn es darum geht, immer das Beste aus einem Moment zu machen. Wir sind uns sehr ähnlich. Wir arbeiten beide gerne und fühlen uns gut, wenn wir unser Bestes gegeben haben. Er ist zu DDR-Zeiten zur Schule gegangen und hat danach eine Ausbildung gemacht. Damals hatte er deutlich weniger Möglichkeiten als wir heute. Er hat nach seiner Ausbildung in diesem Beruf gearbeitet und ich glaube, er war glücklich, bis sich die Welt auf den Kopf gestellt hat und er alles verändern musste. Im Laufe seines Lebens hat er gefühlt 8.000 Jobs in den unterschiedlichsten Branchen gehabt, und zwar nicht, weil er wankelmütig war, sondern weil er immer mit der Zeit gegangen ist.

Dennoch habe ich nie gehört, dass er sich beschwert hat, wie blöd und ungerecht die Arbeitswelt doch ist. Er hat sich einfach was Neues überlegt und sich verändert, sich nie von seinem Weg abbringen lassen und ist immer wieder aufgestanden, wenn etwas mal nicht funktioniert hat. Auch wenn es sicher Momente gab, in denen es sehr schwierig war und er Angst hatte, hat mein Papi immer eine gewisse Ruhe ausgestrahlt und die Gewissheit, dass es schon irgendwie weitergehen wird. Die Branche, in der er jetzt arbeitet, hat herzlich wenig mit seinen Anfängen zu tun. Und wisst ihr was? Das ist völlig in Ordnung. Es ist so spannend, was er durch all seine Erfahrungen jetzt weiß, wie sicher er sich bei so vielen Dingen fühlt und wie angekommen er ist. Das macht mich so glücklich und erinnert mich immer wieder daran, dass man nie wissen kann, was passieren wird. Und das ist überhaupt nicht schlimm.

Sein Ansatz passt auch perfekt in unsere heutige Zeit, in der sich alles so schnell verändert, dass häufig ganz plötzlich neue Jobs entstehen. Es geht nicht darum, jetzt schon alles zu wissen, sondern es geht darum, wach zu bleiben, fleißig und ein bisschen mutig zu sein, sich auszu-probieren und niemals festfahren zu lassen. Kümmern wir uns also erst mal darum herauszufinden, was uns *jetzt* glücklich macht. Dafür ist es hilfreich, sich der eigenen Stärken bewusst zu werden – und ja, ich weiß, das ist gar nicht so einfach. Vielleicht hat der ein oder andere bei diesem Satz gerade heimlich gedacht: »Das ist ja das Problem. Ich habe gar keine Stärken.« Ihr Lieben, glaubt mir, wenn ich euch sage, dass wirklich jeder welche hat. Nur weil sie euch noch nicht klar sind, heißt es nicht, dass sie nicht existieren.

Schnappt euch doch einfach mal ein leeres Blatt und schreibt ein paar Dinge auf, die ihr an euch selbst ganz gut findet! Vielleicht könnt ihr superlogisch denken, richtig gut mit Menschen umgehen oder seid un-heimlich kreativ? Wenn es euch schwerfällt, fragt doch mal eure Herzens-menschen. Welche Stärken sehen eure Eltern in euch und welche eure Freunde? Je mehr Menschen ihr um ihre Meinung bittet, desto häufiger werden wahrscheinlich bestimmte Eigenschaften genannt, und Stück für Stück bekommt ihr eine Idee davon, wo eure Stärken liegen. Mal so ganz unter uns: Es ist auch unheimlich schön, all diese positiven Dinge von Menschen zu hören, die man liebt.

Es geht darum, WACH ZU BLEIBEN, fleißig und ein bisschen mutig zu sein, SICH AUSZUPROBIEREN und niemals festfahren zu lassen.

Mit dieser Liste habt ihr schon mal den ersten Schritt getan. Keine Panik, wenn ihr jetzt immer noch nicht wisst, was ihr mit euren Stärken anfangen könnt. Das braucht ein bisschen Zeit. Fangt einfach mal an zu recherchieren, welche Jobs es gibt, die zu euch und euren Stärken passen könnten. Durchforstet das Internet, lasst euch in der Arbeitsagentur bei einer Jobberatung Tipps geben und fragt rum, in welchen Bereichen Erwachsene, die ihr toll findet, arbeiten. Schreibt euch alle Berufe auf, auch wenn sie im ersten Moment nicht die coolste Option zu sein scheinen. Rausstreichen könnt ihr sie immer noch. Wenn sich eure Liste gut gefüllt hat, schaut sie euch in Ruhe an und wählt erst mal (!) drei Jobs aus, die am interessantesten klingen. Das sind die drei, die ihr euch genauer ansehen solltet. Natürlich könnt ihr jetzt noch mehr recherchieren und hin und her überlegen, aber am schnellsten versteht ihr, ob etwas für euch ist oder nicht, wenn ihr es einfach ausprobiert. Klingt gruselig, aber glaubt mir, das hilft total!

Erkundigt euch, ob es in eurer Nähe eine Firma oder einen Selbstständigen aus dem Bereich gibt, in den ihr gerne hineinschnuppern wollt. Schreibt eine Mail oder geht am besten persönlich vorbei und fragt, ob ihr mal ein paar Tage dort ein Schnupperpraktikum machen könnt. Erklärt, dass ihr den Job gern austesten wollt, dann findet ihr sicher schnell jemanden, der eure Hilfe dankbar annimmt. Nutzt einfach mal ein paar Tage eurer Ferien, um euch auszuprobieren. Ihr habt doch nichts zu verlieren! Wenn sie Nein sagen, versucht ihr es woanders. Lasst euch nicht abbringen, und wenn euch eine ganz bestimmte Firma besonders interessiert, geht vielleicht noch mal hin. Ich habe immer wieder gemerkt, dass dranbleiben einem *so* viele Türen öffnet. Denn wenn Menschen merken, wie wichtig es euch ist, geben sie euch eher eine Chance.

Am Anfang kann es in so einem Praktikum oft Momente geben, in denen ihr euch unsicher fühlt. Das ist völlig normal und so wird es euch in fast jeder neuen Situation gehen, aber nach der Eingewöhnungszeit merkt ihr schnell, ob ihr Spaß an der Sache habt oder nicht. Spaß ist tatsächlich nicht ganz unwichtig. Denn nur, wenn man an etwas Spaß hat und dabei auch mal die Zeit vergisst, ist man wirklich gut darin. Man ist bereit, mehr zu machen, als man muss, lernt dadurch unheimlich schnell und verbessert sich ständig. Manchmal stellt man nach einem Praktikum fest, dass die zukünftige Arbeit doch in eine ganz andere Richtung gehen soll oder der Job im Speziellen einfach nichts für einen ist – und das ist auch okay. Es ist sogar ziemlich gut, denn dann könnt ihr ihn von der Liste streichen und seid wieder einen Schritt weiter dabei herauszufinden, was zu euch passt.

Das Blöde ist, dass ihr niemals rauskriegt, was ihr wirklich machen wollt, wenn ihr in eurem Zimmer sitzen bleibt und nur drüber nachdenkt. Ich weiß, das wäre viel schöner und nicht so verdammt erschreckend, aber glaubt mir, ihr werdet euch so gut fühlen, wenn ihr ein paar Schritte in Richtung eurer Zukunft wagt. Ihr werdet so viel lernen, über euch hinauswachsen und danach sehr viel mehr wissen als nach einer bloßen Recherche. Probiert euch aus. Springt über euren Schatten und testet, wie gut ihr in bestimmten Situationen klarkommt und wie es euch dabei geht. Ich weiß, dass ihr euch großartig schlagen werdet, und ich glaube fest an euch. Ihr findet euren Weg, und wenn da mal eine Kurve kommt, wisst ihr jetzt: »Ich werde es packen.«

Entscheidungen treffen leicht gemacht

Wenn ihr eine Auswahl an möglichen Berufen für später habt, kommt der nächste Schritt: Entscheidungen treffen. Entscheidungen zu treffen ist schwierig. Die meisten von uns haben Phasen, in denen wir alles ohne mit der Wimper zu zucken auswählen können, und dann wieder welche, in denen wir nicht mal wissen, was wir essen wollen. »Ach keine Ahnung, entscheide du!« Wenn ihr gerade nicht in dieser Situation steckt, kommt euch dieser Satz wahrscheinlich wahnsinnig blöd vor. Zugegeben, nicht jede Entscheidung ist schwer zu treffen, aber es gibt im Leben immer wieder welche, vor denen man Angst hat und die einen verunsichern. Gerade wenn große Lebensentscheidungen auf uns zukommen, verziehen wir uns gern in unser Schneckenhaus und wollen die Verantwortung am liebsten abgeben.

Mir ging es in der Abiphase so. Ich habe jahrelang auf Theaterbühnen gestanden und dort mein Glück gefunden. Für mich war es, wie in eine andere Welt einzutauchen. Alles war aufregend, bunt und neu. Die Menschen, die ich in dieser Zeit kennengelernt habe, waren interessant, witzig, mutig, einfach anders und ich wollte so sein wie sie. Um ehrlich zu sein, gibt es heute noch Situationen, in denen ich sie zitiere und mich an unsere schönen Momente erinnere. Ich habe mich in dieser Zeit richtig angekommen gefühlt und wusste, das ist genau das, was ich für den Rest meines Lebens machen möchte.

Ich habe Klavier spielen gelernt, gesungen und irgendwann selbst an Stücken geschrieben. Aber die Berufe auf und hinter der Bühne sind hart und man muss viel Talent und noch mehr Glück haben, um es im Theater zu schaffen. Diese Unsicherheit hat mir wahnsinnige Angst bereitet, weil ich wusste, dass ich mir dringend einen Plan B überlegen muss, falls ich nicht an der Hochschule angenommen werde. Allein der Gedanke, dass ich mal nicht im Theater lande, hat mich regelrecht gelähmt. Was zum Henker soll ich denn sonst machen? Von allen Seiten kam die Frage danach, was ich studieren will, wenn es mit dem Theater nichts wird, und ich hatte einfach keine Ahnung.

Unsere Eltern und Großeltern können oft nicht verstehen, warum es uns so schwerfällt, unseren Weg zu finden, und wir fühlen uns von ihnen schnell unter Druck gesetzt. Sie sind mit sehr viel weniger Möglichkeiten groß geworden und können nicht nachvollziehen, dass es nicht *nur* toll ist, unendlich viele Optionen zu haben. Sie sorgen nicht dafür, dass wir uns leichter entscheiden können, sondern genau das Gegenteil ist der Fall. Wie bei einem Tisch voller Süßigkeiten verlieren wir den Blick fürs Wesentliche und wissen nicht, was wir wollen. Am Ende stopfen wir uns mit Zeug voll, das wir gar nicht wirklich mögen, oder essen gar nichts. Noch jemand, der jetzt Hunger hat? Tatsächlich sind diese vielen Möglichkeiten der pure Stress.

Meine Eltern wurden zu DDR-Zeiten geboren und sind mit der Tatsache aufgewachsen, dass es nie alles gab. Immer wieder erzählen sie mir, wie cool es war, wenn sie mal eine Jeans ergattern konnten. Dabei war es ganz egal, was für einen Schnitt sie hatte, ob sie neu oder gebraucht und in welcher Farbe sie war. Heute ist unsere Auswahl an Jeans riesig. Wir können zwischen Waschung und Schnitt, Qualität und Marke entscheiden und das ist grandios. Aber es ist gar nicht mehr so leicht, die richtige Jeans für sich zu finden und wirklich zufrieden damit zu sein. Schließlich war man ja nicht in *allen* Läden und hat *alle* Marken anprobiert. Versteht ihr, was ich meine?

Wir sind heute, vor allem durch Social Media, umgeben von schönen, erfolgreichen Menschen (in perfekten Jeans), die mutig die Welt bereisen. Oft fühlen wir uns unter Druck gesetzt, wenn wir ihre Traumbilder liken, während wir in unserer Jogginghose auf der Couch gammeln und uns heute nur 20 Schritte bewegt haben. Was ist, wenn ich mein Glück in der großen Welt versuche und scheitere? Was ist, wenn ich etwas entscheide und mir dadurch andere Möglichkeiten verbaue? Was ist, wenn ich nicht jeden Tag glücklich sein werde?

WICHTIG IST NICHT, die richtige Entscheidung zu treffen, SONDERN DEN MUT ZU HABEN, eine zu treffen und dazu zu stehen.

Wir wollen eben heute nicht mehr nur irgendwas, sondern genau das Richtige. Wir wollen die perfekte Entscheidung treffen und die Furcht, die falsche zu wählen, ist riesig. Aber wenn wir uns nicht auf eine Ausbildung oder ein Studium festlegen können, werden irgendwann Menschen von außen kommen und für uns unseren Weg festlegen. Unsere Herzens-menschen werden nicht tatenlos zuschauen, wie wir unser Leben an uns vorbeiziehen lassen. Es kann auch nett sein, wenn andere uns die Ent-scheidung abnehmen. Aber überlegt mal: Wenn es uns, die wir uns selbst gut kennen, schon so schwerfällt, etwas zu beschließen, wie sollen es denn andere Menschen schaffen? Und wie ätzend wäre es, einen Weg zu gehen, den man selbst nicht gewählt hat, um dann festzustellen, dass es nicht der richtige ist?

Ich habe nach dem Abi beschlossen, mir ein Jahr zu nehmen, um mich auf die Aufnahmeprüfungen für Operngesang vorzubereiten. Nicht jeder in meinem Umfeld konnte meine Entscheidung verstehen, denn eigent-lich geht man doch nach dem Abi direkt zur Uni und gammelt nicht noch zu Hause rum. Aber ich wusste, dass ich nicht faulenze und dass ich es unbedingt versuchen will. Eine Wahl zu treffen und dann den Gegenwind zu spüren, weil andere die Gründe dafür nicht nachvollziehen können, ist nicht ganz einfach. Es ist deshalb umso wichtiger, dass man sich nicht von seinem Weg abbringen lässt.

Die anderen meinen es oft gut und wollen uns beschützen. Aber der Witz ist, dass sie nicht wissen können, was *uns* glücklich macht. Das wissen nur wir beziehungsweise nur wir können das herausfinden. Ich habe viel gelernt, geübt und trainiert und dennoch hat es nach einem Jahr harter Arbeit nicht für einen Studienplatz gereicht. Jetzt könnte man sagen, dass es ein Fehler war, es zu versuchen, dass es besser gewesen wäre, das Jahr nicht zu verlieren. Ich bin mir sicher, dass auch viele in meinem Umfeld es genauso gesehen haben, aber ich würde es immer wieder so machen. Warum? Theater und alles, was damit zu tun hatte, war meine Welt, und wenn ich mich dem Ganzen nie gestellt hätte, würde ich mich als Oma in meinem Schaukelstuhl noch fragen, was gewesen wäre, wenn ich es probiert hätte.

Im Grunde habe ich dieses Scheitern gebraucht, um zu verstehen, dass Musiktheater nicht mein Weg ist. Ich sage nicht, dass es ein super Gefühl war, abgewiesen zu werden. Natürlich hat es ordentlich wehgetan, aber ich habe mich für den Versuch entschieden und daraus so viel über mich selbst gelernt, dass ich diese Erfahrung nicht missen möchte. Heute weiß ich, dass ich mit einem Job im Theater nicht glücklich geworden wäre. Das hätte ich aber nie erfahren, wenn ich es nicht versucht hätte.

Scheitern ist kein tolles Gefühl, aber aus diesen Situationen habe ich am meisten gelernt und ich würde keinen meiner Fehler auslöschen wollen. Wir müssen uns dringend von der Idee lösen, dass alles immer perfekt sein muss, denn wir sind es nicht und das ist okay. Niemand ist jeden Tag glücklich. Nein, auch die Instagram-Models nicht. Nur weil jemand jeden Tag lachende Bilder von sich hochlädt, heißt das noch lange nicht, dass er oder sie *wirklich* glücklich ist. Das heißt nur, dass sie für das Foto ihr schönstes Lächeln aufgesetzt haben und es danach mit Bearbeitungs-Apps und Filtern zu dem gemacht haben was wir online sehen. Das hat aber nicht mehr viel mit der Realität zu tun.

Warum also sollten wir uns von dem, was andere machen, unter Druck setzen lassen? Sollten wir uns dazu entscheiden, auf Weltreise zu gehen, nur, weil alle es für eine super Idee halten? Wenn andere denken, dass man nicht cool oder besonders genug ist, weil man in seiner Heimatstadt bleiben will, ist das deren Problem. Es ist nicht unser Job, unser Leben so zu gestalten, dass andere uns toll finden. Wir müssen dafür sorgen, dass *wir* glücklich sind, egal wodurch wir das erreichen.

Wenn ich mich selbst und meine Liebsten so anschaue, gibt es wohl zwei Arten von Menschen: die Verstandentscheider und die Gefühlsentscheider. Mein Mann ist ein Kopfmensch. Er wägt ab, überlegt genau, ob etwas rational sinnvoll ist oder nicht, und wählt dann das Sinnvollste aus. Ich folge meinem Gefühl, denke weniger nach und entscheide danach, ob sich etwas gut anfühlt. Wahrscheinlich wäre eine Kombination aus beidem am besten, schließlich haben wir Verstand und Gefühl und sollten beides auch nutzen. Wenn mir mein Gefühl sagt, die Schokiflatrate ist eine richtig gute Idee, sollte ich meinen Kopf besser nicht ignorieren, denn der warnt mich vor den bösen Bauchschmerzen, die sie zur Folge haben kann.

Aber je nachdem, was man für ein Mensch ist, funktioniert das eine oder das andere besser. Gerade bei Entscheidungen, die uns schwerfallen, ist es also immer eine gute Idee, so viele Argumente wie möglich zu sammeln. Vor allem die Meinung von Menschen, die ganz anders sind als man selbst, ist da hilfreich. Ihre Argumente zu hören kann helfen, eine Situation von mehreren Seiten zu beleuchten, und man merkt in den Gesprächen plötzlich sehr deutlich, in welche Richtung man selbst gehen will.

Lasst uns aufhören mit dem Stress und dem Wunsch, dass unser Leben perfekt laufen muss. Spoiler Alert: Das wird es nicht. Selbst wenn ihr jahrelang über eine Entscheidung nachdenkt und das Pro und Kontra abwägt, kann es trotzdem die falsche sein und das ist gar nicht schlimm. Wichtig ist nicht, die richtige Entscheidung zu treffen, sondern den Mut zu haben, eine zu treffen und dazu zu stehen. Wichtig ist, sich auszuprobieren, Schwächen einzugestehen und aus jeder Situation das Beste zu machen.

Ziele finden, festlegen und umsetzen

Die von euch, die mich über YouTube und Co. kennen, wissen, dass ich Pläne liebe und das nicht einfach so, sondern weil ich über die letzten Jahre gelernt habe, wie sich das eigene Leben dadurch verändern kann.

Ich bin eigentlich eine Träumerin, verliere mich gern in Gedanken und habe tausend Ideen. Doch habe ich lange nur eins gemacht: geträumt.

In meinem Kopf habe ich mir überlegt, wer ich sein will, was ich mal werden will, welche Projekte ich anfangen will. Aber ich habe nichts davon umgesetzt und einfach immer weiter geträumt. In meinen Gedanken war es toll – und ich wünschte, ich könnte euch alle mal auf einen Kaffeeklatsch in meinen Kopf einladen –, aber die Realität blieb genau so, wie sie war. Ich habe stur abgearbeitet, was ich musste, und gemacht, was von mir erwartet wurde, doch ich hatte mein Leben nicht in der Hand. Es war eher wie in Wackelpudding zu leben. Ich saß da drin und je nachdem, wer von außen wie daran gerüttelt hat, habe ich mich entsprechend bewegt.

Aber irgendwann wird das verdammt langweilig. Ich wollte nicht mehr das Leben der anderen führen – ich wollte mein eigenes. Morgens aufstehen und mich wirklich auf das freuen, was auf mich zukam. Ich wollte mich ausprobieren, Dinge machen, die Schmetterlinge in meinem Bauch aufscheuchen und so richtig mutig sein. Das ist für einen Träumer-Schisshasen wie mich gar nicht so einfach. Die Lösung, die ich für mich gefunden habe und die vielleicht auch euch helfen kann, ist: Planung.

Das Leben ist voller Möglichkeiten. Wir wollen so viele wie möglich davon mitnehmen, aber am Ende bleiben wir meist doch lieber in unserer Box. Darin ist es zwar eng und dunkel, aber auch sicher. Versteht mich nicht falsch, die Box ist super, doch aufregend ist sie nicht. Wenn man sich erlaubt, sie zu verlassen, auch wenn das fürchterlich gruselig ist, wird alles viel bunter. Und wenn man den Auszug ein bisschen plant, kommt man an Orte und in Situationen, die man sich zuvor nur erträumen konnte.

Okay, okay, Planung ist nicht euer Ding, ihr seid lieber spontan und nicht so festgefahren. Was ist aber, wenn ich euch sage, dass Planung spontan sein kann? Wir alle planen jeden Tag. Wir planen, was wir als Nächstes essen, mit wem wir unseren Nachmittag verbringen und wann wir uns um unsere Aufgaben kümmern. Diese kleinen Zeiträume sind übersichtlich und man kann jederzeit etwas verändern, richtig? Das ist sogar ganz leicht, denn die Einzigen, die für euch Pläne machen, seid ihr selbst.

Soll ich euch was sagen? Wenn ihr die kleinen Dinge organisieren könnt, funktioniert das auch bei den großen. Was das Gute an Planung ist? Man ist schlicht fokussierter und motivierter, weil man zum Beispiel nicht mehr nur für einen Test lernt, sondern weil klar ist, wofür man das macht. Wenn wir vor Augen haben, wo es hingehen soll, werden wir nicht leicht abgelenkt und landen am Ende genau da, wo wir hinwollen. So haben wir alles mehr in der Hand und sind glücklicher. Probiert es doch einfach mal aus!

Am besten fangt ihr damit an, euch ein bisschen Zeit zu nehmen und an ein ruhiges, gemütliches Plätzchen zurückzuziehen. Entspannt euch, schließt einen Moment die Augen und stellt euch vor, wie euer Leben im Idealfall aussehen soll. Überlegt euch, wie es euch geht, welche Menschen euch umgeben und was ihr den ganzen Tag so macht. Welche Hobbys habt ihr, wo lebt ihr und was gibt es nicht mehr in eurem Leben? Ohne Druck. Ohne Wertung.

Seid dabei nicht ungeduldig mit euch selbst. Vielleicht klappt dieses Denkspiel nicht beim ersten Mal. Womöglich wandern eure Gedanken ab oder diese miesen kleinen Männchen im Hinterkopf behaupten mal wieder, dass ihr all das nie erreichen könnt. Aber je öfter man das macht, desto klarer wird das Bild und man merkt, dass die blöden Männchen absolut keine Ahnung haben. Lasst einfach mal eure Fantasie fliegen und seid dabei so ehrlich wie möglich mit euch. Es ist okay, große Ziele zu haben.

Doch ist das Bild auch wirklich eures? Manchmal schleichen sich die Erwartungen oder Träume anderer in unseren Kopf – und die haben da einfach nichts zu suchen. Niemand außer euch selbst sollte entscheiden, wie euer Leben aussehen soll. Ganz egal, ob es Dinge sind, die ihr jetzt gleich angehen könnt, oder welche, die ihr erst in einem Jahr umsetzen wollt. Solltet ihr merkten, dass euer Bild genau eurem jetzigen Leben entspricht, dann könnt ihr euch nun zurücklehnen, die Sonne genießen und glücklich darüber sein. Niemand muss sich Ziele setzen oder nach etwas streben. Aber allen, die es wollen, verrate ich jetzt, wie ihr das hinkriegt.

Haben sich eure Träume herausgetraut? Tippen euch eure Ziele auf die Schulter? Müsst ihr ein bisschen grinsen bei dem Gedanken, dass die wirklich mal Realität werden könnten? Dann sind es die richtigen und ihr könnt einen Schritt weitergehen: Schreibt sie auf. Haltet sie auf Papier fest. Keine Angst, ihr könnt trotzdem ganz ehrlich zu euch sein, denn niemand zwingt euch, sie mit irgendwem zu teilen. Es kann erst mal nur euer Geheimnis bleiben.

Niemand außer euch selbst sollte entscheiden, WIE EUER LEBEN AUSSEHEN SOLL.

Ich weiß, wie schwer es sein kann, sich einzugestehen, dass man diese eine Sache ganz unbedingt will, obwohl man genau weiß, dass alle anderen sie für unrealistisch halten. Aber das Aufschreiben hilft euch, genau zu sehen, worauf ihr hinarbeitet, und noch mal zu checken, ob es wirklich das ist, was euch glücklich macht. Notiert eure Ziele in ganzen Sätzen, im Präsens Aktiv und nicht im Konjunktiv. Also schreibt nicht: »Ich würde gern mal auswandern und dort was Cooles machen«, sondern eher »Ich wandere 2020 nach Australien aus. Ich arbeite dort für ein Jahr im Work-and-Travel-Programm und erkunde das Land.« Merkt ihr, wie

unterschiedlich diese Sätze aussehen? Der erste klingt nach »vielleicht«
und »irgendwann mal« und der zweite nach einem wirklichen Ziel. Je
konkreter ihr jetzt formuliert, desto besser.

Stehen die Ziele erst mal fest, geht's an die eigentliche Planung. Wir
schauen uns jedes unserer Ziele an und überlegen, wie wir es erreichen
können. Lasst euch dabei wieder genug Zeit und setzt euch nicht unter
Druck. Es geht nicht darum, schnell zu sein, sondern darum, alles im
Kopf durchzuspielen und so viele verschiedene Wege wie möglich zu
finden. Der offensichtlichste fällt uns meistens ganz schnell ein, aber
erst wenn wir uns mehrmals darüber Gedanken machen, sehen wir
die anderen. Das ist ein bisschen, wie wenn man auf die andere
Seite eines Berges kommen will. Man klettert ja nicht gleich
mühsam über den Berg, schläft in einem Zelt auf hartem Steinboden
mit wenig Essen und ohne Netflix, nur um dann festzustellen, dass es
einen Tunnel gab, durch den man entspannt mit dem Bus hätte fahren
können. Sondern man studiert zuerst die Landkarte. Fragt euch immer
wieder, was es noch für Wege gibt. Wer könnte euch vielleicht helfen? Wo
müsst ihr euch überwinden? Und wo wird es eventuell etwas einfacher?
Irgendwann habt ihr alle Möglichkeiten durchdacht und erkennt, welche
für euch die beste ist.

Nun geht es an die Deadlines, mit anderen Worten: Wir legen fest, bis
wann wir unser großes Ziel geschafft haben wollen. Seid hier möglichst
realistisch und versucht, so gut ihr könnt, einzuschätzen, bis wann et-

was erreichbar ist. Das muss nicht ganz genau sein, keine Panik, denn manche Dinge kann man nicht wissen. Bevor man beginnt, sollte aber der grobe Zeitplan klar sein. Beim Beispiel Work-and-Travel könnte es sein, dass ihr das direkt nach dem Schulabschluss machen wollt, also ist eure Deadline relativ hart. Andere Dinge haben erst mal keine harte Deadline, aber es ist trotzdem gut, eine festzulegen. Denn wir kennen alle das Problem der Aufschieberitis, oder? Erzählt mir jetzt nicht, dass ihr nicht auch schon mal erst einen Tag vor der Klausur angefangen habt zu lernen! Das sollten wir hier lieber vermeiden.

Jetzt habt ihr euer Ziel und es ist klar, bis wann ihr es erreichen wollt. Aber wie zum Henker soll das gehen? Ganz einfach: Wir überlegen uns Zwischenschritte, und zwar rückwärts. Klingt komisch? Lasst mich erklären. Nehmen wir mal wieder unser Australien-Beispiel. Da ist der letzte Schritt, im Flieger zu sitzen. Denkt mal nach, was der Schritt davor ist: zum Flughafen fahren, davor die Abschiedsparty veranstalten, davor Koffer packen, davor Flugunterlagen zusammensuchen, davor alle notwenigen Dinge einreichen und so weiter. Auf diese Weise geht das Planen viel leichter und man kann so lange weitermachen, bis man am Anfang angekommen ist und seinen ersten Schritt kennt. Wenn der erste Schritt euch gruselig vorkommt, unterteilt ihn noch mal, bis er wirklich ganz einfach zu schaffen ist.

Bei einer harten Deadline solltet ihr euch die einzelnen Schritte auch zeitlich einteilen. Wann macht ihr eure Abschiedsparty, wenn der Flug nach Australien am Sonntag geht? Bis wann müsst ihr euren Koffer gepackt haben? Und plötzlich ist dieses Ziel, das einem am Anfang unerreichbar vorkam, gar nicht mehr so riesig, sondern machbar. Wir wissen jetzt den Weg, haben die Karte studiert, kennen alle Tunnel und können das Zelt zu Hause lassen. So was von bereit.

Doch es gibt ein Aber. Wir sollten uns niemals von unseren eigenen Plänen einengen lassen, denn man entwickelt sich sein ganzes Leben ja weiter. Denn wir lernen, wachsen, sammeln Erfahrungen und verstehen uns selbst immer besser. Manchmal stellen wir dann fest, dass sich auch unsere Wünsche und Ansprüche geändert haben. Solltet ihr merken, dass ein Ziel nicht mehr Priorität hat und euch nicht mehr glücklich macht, lasst es fallen. Folgt nicht einfach blind einem Plan. Damit meine ich nicht, dass ihr aufgeben solltet, sobald es schwierig wird oder etwas anders läuft als gedacht. Einen Traum zu realisieren ist harte Arbeit, auch wenn der Weg klar ist, und das ist gut so. Es ist eine Prüfung, die beweist, ob wir etwas *wirklich* wollen. Wenn es genau das ist, was ihr wollt, zieht es durch und lasst euch von niemandem davon abbringen. Gebt nicht auf, nur weil es beim ersten Mal nicht gleich klappt.

Die Ziele, denen ich bisher gefolgt bin, waren nicht auf geradem Weg zu erreichen. Ich bin immer wieder hingefallen, stand vor verschlossenen Türen und dachte so oft, dass ich es nicht packe. Aber am Ende bin ich drangeblieben, weil ich wusste, dass es *mein* Weg ist. Ich kann euch nicht sagen, was es für ein grandioses Gefühl ist zu schaffen, was man sich vorgenommen hat. Der Moment, wenn man darauf zurückblickt, wo man angefangen hat, und versteht, dass man nur durch seinen Willen und harte Arbeit dahin gekommen ist, wo man ist, ist magisch. Na, habt ihr jetzt auch Lust darauf? Dann los!

Danksagung

Ich widme dieses Buch den Menschen, die mir geholfen haben, groß zu werden – wobei, so richtig groß bin ich nicht geworden, sagen wir – erwachsen zu werden. Die mir mit ihren Weisheiten möglich gemacht haben, der Mensch zu werden, der ich heute bin. Ihr wisst, wer ihr seid, und ich bin sehr dankbar, dass ich euch habe und hatte.

Vielen Dank an meine Lektorin Sarah für die Unterstützung und dein Verständnis in allen Situationen. Ich schulde dir 'ne Schokoparty.

Danke natürlich auch an meinen Kater Prinzessin Findus und meine Katze Mika Räubertochter, die tatkräftig mitgeholfen haben und nur manchmal mit ihren Pfötchen oder ihrem Hintern ganze Passagen gelöscht haben.

Dieses Buch wäre aber vor allem nie entstanden, wenn da nicht dieser Mann an meiner Seite wäre, der mich immer unterstützt, mir Mut macht und so viel mehr an mich glaubt, als ich es tue. Danke, mein liebster Mann.

…

Hö, hö, hö … Mein Mann.

Ella

Ella TheBee wurde an der Ostsee geboren und hat Germanistik in Köln und Leipzig studiert. Seit 2014 veröffentlicht sie auf ihrem YouTube-Kanal regelmäßig Videos vor allem zu den Themen Lifestyle, Organisation und Zeitmanagement. Eins ihrer beliebtesten Formate ist der »Kaffeeklatsch«, in dem sie immer samstags kleine und große Probleme ihrer Zuschauer behandelt. Ella lebt mit ihrem Mann und ihren zwei Katzen in Berlin.